作者简介

孙周勇，陕西省文物局副局长，曾任陕西省考古研究院院长，研究员、博士，中国考古学会常务理事。先后获得百千万人才国家级人选、中组部"万人计划"领军人才、中宣部"文化名家"暨"四个一批人才"等，国务院政府特殊津贴专家。研究方向为新石器及商周考古。主持发掘的石峁遗址获全国十大考古新发现、中国田野考古一等奖等荣誉。主持策划"考古圣地 华章陕西——陕西考古博物馆基本陈列"展览。承担国家社科基金重大项目"石峁遗址考古发现与研究"等多项国家级课题。发表论文100余篇，出版《块出周原：西周手工业生产形态研究》等专著6部。

缪斯

MUSE

文库

本书由中国博物馆协会与腾讯基金会"腾博基金"资助

考古聖地 華章陝西

Archaeological Holy Land
Magnificent Shaanxi

陕西考古博物馆

基本陈列

策展笔记

孙周勇　等著

ZHEJIANG UNIVERSITY PRESS
浙江大学出版社
·杭州·

图书在版编目（CIP）数据

考古圣地　华章陕西：陕西考古博物馆基本陈列策
展笔记 / 孙周勇等著. -- 杭州：浙江大学出版社，
2024.11. --（中国博物馆陈列展览精品·策展笔记）.
ISBN 978-7-308-25301-7

Ⅰ. G269.274.11

中国国家版本馆 CIP 数据核字第 20247ZH279 号

考古圣地　华章陕西

陕西考古博物馆基本陈列策展笔记

孙周勇　等著

出 品 人	褚超孚
策划编辑	张　琛　陈佩钰　吴伟伟
责任编辑	蔡圆圆
责任校对	黄梦瑶
美术编辑	程　晨
出版发行	浙江大学出版社
	（杭州市天目山路148号　邮政编码：310007）
	（网址：http://www.zjupress.com）
排　　版	浙江大千时代文化传媒有限公司
印　　刷	杭州捷派印务有限公司
开　　本	710mm×1000mm　1/16
印　　张	16.25
字　　数	228千
版 印 次	2024年11月第1版　2024年11月第1次印刷
书　　号	ISBN 978-7-308-25301-7
定　　价	88.00元

总　序

在社会主义文化强国建设的进程中，博物馆扮演着中华文明优秀成果守护者、传承者与传播者的重要角色。作为博物馆教育与传播的核心媒介，陈列展览成为博物馆守护文化遗产、传承中华文明、讲好中国故事的关键工作。好的陈列展览离不开好的策展工作。策展是构建陈列展览的过程，是通过逻辑和观念的表达，阐释文物藏品的多元价值，构建公众与遗产之间的对话空间，激发广泛社会价值与文化价值的思维和组织活动。博物馆策展的理论与实践水平，很大程度决定了陈列展览的思想境界、文化内涵、艺术品位与传播影响。因此，博物馆策展的学术研究和业务能力建设是提高博物馆陈列展览工作业务水平和影响效果的重要途径；某种意义上，也是促进我国博物馆事业高质量发展的关键所在。

"中国博物馆陈列展览精品·策展笔记"丛书的出版，正是源于对上述问题的思考。作为我国博物馆行业发展的协调者与促进者，中国博物馆协会长期致力于博物馆展陈质量建设和策展能力提升。在持续不断的摸索和实践中，许多博物馆同仁建议我们依托"全国博物馆十大陈列展览精品推介活动"，围绕一批业内公认的具有较大影响力与鲜明特色的获奖展览项目，邀请策展团队，形成有关策展过程和方法的出版物。在不断的讨论中，我们逐渐明确：这种基于展览策划的出版物，显然不同于博物馆中常见的对于展览内容及重点文物介绍的"展览图录"，而更适合被称为"策展笔记"。

所谓"策展笔记"，一方面，要聚焦"策展"的行动内容，也就是要透过展览看幕后，核心内容是展览从无到有的建设过程，尤其要重点讲述展览选题、前期研究、团队组建、框架构思、展品组织、形式设定、艺术表达、布展制作等当代博物馆展览策划的核心流程及相关体会。另一方面，要突出"笔记"的内涵风格。如果与记录考古工作的过程、方法与认识的"考古报告"相类比的话，"策展笔记"则是对陈列展览的策展过程、方法与认识的重点记录。与此同时，作为与"随笔""札记"等相似的"笔记"文体，也应带有比较强烈的主观性、灵活性和较高的自由度，宜以第一人称的口吻展开，重在呈现策展的心路历程与思考感悟，而不苛求内容体系的完整性与系统性；重在提炼策展的经验、理念、亮点，讲好值得分享的策展专业理论、专业精神、专业态度和专业手法等。我们相信，这样的"策展笔记"，不但可以作为文博行业了解我国文博系统优秀展览的"资料工具书"，也可以作为展陈从业者策展创新借鉴的"实践参考书"，还可以作为普通大众的"观展指南书"，帮助他们了解博物馆幕后工作，更好领略博物馆展陈之美。

丛书第一辑收集了 2019—2021 年度全国博物馆十大陈列展览精品推介的代表性获奖项目，覆盖全国不同地域，涵盖考古、历史、革命纪念等不同类型。由于缺乏经验借鉴，加之展览类型的多元性、编写人员构成的差异性等，在撰稿与统稿过程中，我们遇到了远超预期的挑战。这些挑战包括但不限于：如何平衡丛书的整体风格与单册图书的个体特色；如何兼顾写作内容的专业性特质与写作表达的大众性要求；如何将策展实践中的"现象描述"转化为策展理念的"机制提炼"，充分体现策展的创新点和价值点；如何实现从"报告思维"向"叙事思维"的转型，生动讲述策展的动人细节；如何在分析个案内容的同时对行业的普遍性、典型问题进行有效回应，发挥好优秀展览的示范作用；如何解决多人撰写所产生的文风不统一问题，提高统稿工作的质量和效率；等等。幸运的是，在各馆撰稿团队的积极配合下，在专家的有力指导下，我们通过设定指导性原则、确定写作指南、优化统稿与编审机制等途径，一定程度克服了上述挑战难题，基本完成了预期目标。

　　这套丛书的问世，离不开撰稿人、专家和编辑的辛勤劳动。我们衷心感谢北京鲁迅博物馆（北京新文化运动纪念馆）、中国人民革命军事博物馆、山西博物院、吴中博物馆、扬州中国大运河博物馆、杭州市萧山跨湖桥遗址博物馆、山东博物馆、湖北省博物馆、盘龙城遗址博物院、成都武侯祠博物馆、陕西历史博物馆、秦始皇帝陵博物院、和田地区博物馆等博物馆策展团队撰稿人的精彩文本。同时，我们衷心感谢南京博物院理事长、名誉院长龚良，复旦大学文物与博物馆学系主任陆建松，浙江大学艺术与考古学院教授严建强，北京大学考古文博学院教授宋向光，上海大学现代城市展陈设计研究院执行院长李黎，西安国家版本馆（中国国家版本馆西安分馆）副馆长董理，清华大学美术学院副教授李德庚等多位学者、专家的认真审读与宝贵的修改建议。感谢浙江大学出版社董事长、党委书记、总编辑褚超孚，以及社科出版中心编辑团队的细致审校和精心编辑，他们的工作为丛书的顺利出版提供了坚实的保障。浙江大学艺术与考古学院"百人计划"研究员毛若寒博士在这套丛书的方案策划、组织联络、出版推进等方面，用力尤勤，付出良多。此外，还有许多在本丛书筹划、编辑、出版过程中给予帮助的专家、老师，无法一一列举，在此谨对以上所有人员致以最真挚的感谢和敬意。

　　严建强教授在一次咨询会上曾对这套丛书给过一个很高的评价，认为它是当代博物馆专业化建设的一个重要的里程碑。对于这个赞誉，我们其实是有点愧不敢当的。我们很清楚，丛书第一辑的整体质量还有待提升，离"里程碑"的高度存在一定差距。但通过第一辑的编辑出版，我们为接下来的第二辑、第三辑的编写积累了经验、增强了信心。今后，我们会继续紧扣"策展笔记"作为"资料工具书""实践参考书"与"观展指南书"的核心功能定位，继续深化对于博物馆展览策展笔记的属性、目标、功能、内涵、形式等方面的认知，努力通过策展笔记的编写，带动全行业策展工作专业水平的整体提升。这虽然是一件具体的事情，但对构建博物馆传承与展示中华文化的策展理论体系和实践创新体系，推动博物馆守护好、展示好、传承好中华文明优秀成果，为博物馆事业的高质量发展、为建设社会主义文化强国不断做出新贡献，是很有积极意义的。我们相信，有全国博物馆工作者的积极参与，我们一定能把这套丛书做得更好，做成中国博物馆领域的著名品牌。

　　是为序。

刘曙光

中国博物馆协会理事长

2023 年 8 月

第二辑赘言

自"中国博物馆陈列展览精品·策展笔记"第一辑问世以来，我听到了文博业界及学术圈同仁们不少的夸奖。一些博物馆展陈从业人员自发撰写评论，从实操与理论等层面解读策展理念，提炼专业经验。浙江大学、陕西师范大学等高校将其纳入教学过程，作为培育新一代策展人的学习资料，凸显了"策展笔记"的教育价值。微信读书以及各类新媒体平台的留言体现出"策展笔记"已成为广大观众理解博物馆策展艺术、深化观展体验的"新窗口"，拉近了公众与博物馆文化的距离。不少读者热情高涨，纷纷点赞并留下评论，将之视为"观展宝典"。

读者的肯定，是我们编辑出版"策展笔记"的最大动力。在2023年11月第一辑刚发行之时，第二辑也进入了紧锣密鼓的撰写阶段。基于前期积累，第二辑在保持原有特色的同时，力求策展写作内容深度与广度的双提升，旨在展现中国博物馆策展实践的多元视角与前沿动态。

江西省博物馆的"寻·虎——小鸟虎儿童主题展"，作为"策展笔记"第一例儿童主题展览，深刻揭示了策展人对儿童心理与行为特征的敏锐洞察，彰显了博物馆对儿童受众的关怀与重视，映衬出博物馆服务理念的革新与拓展。上海天文馆的"连接人和宇宙"基本陈列作为自然科学类展览在丛书中首次呈现，极大地丰富了"策展笔记"的题材与内涵。广东省博物馆的"焦点：18—19世纪中西方视觉艺术的调适"，是粤港澳大湾区首屈一指的外销画专题展览，荣获"十大精品推介"之"国际及港澳台合作奖"，反映出中国博物馆策展的国际视野，亦是出入境展览在"策展笔记"中的初次亮相。值得一提的是，我们特别收录了虽未参与"十大精品推介"但承载着深厚文化内涵与当代价值、在故宫博物院举办的"何以中国"展览。我们认为，独特的时代性、典型性与代表性，使其成为不可多得的策展典范；我们坚信，其策展智慧值得广泛传播与深入探讨。

在"导览"篇章，"策展笔记"第二辑更加注重构建"策展人导览观展"的沉浸式氛围。例如，上海天文馆的策展笔记立足科普导游与创意巧思，构建出令人心驰神往的宇宙奇景，极大提升了读者的参与感与体验度。"策展"篇章的解析深度与广度也有所提升，体现出更加强烈的问题意识，在撰写个案的同时探讨普遍性议题。如"何以中国"的策展笔记首次提出了"展览观"的命题，深入剖析展览背后的策展理念与文化价值，启发策展人对展览本质的再思考。同时，第二辑还加大了对展览"二次研究"和"学理解析"的力度，对策展相关的"叙事""阐释""符号"等现象进行了学理上的深入探究，将理论成果融入策展实践，进一步提升了展览的学术性和专业度。

技术细节的呈现成为"策展笔记"第二辑的另一大亮点。如对陕西考古博物馆的"考古圣地华章陕西"主展标设计过程的全揭秘，不仅展现了策展团队的匠心独运，也让读者对展览背后的专业技术支撑有了更直观的认识。

最后，第二辑在观展与策展之间建立了更紧密的联系。在"观展"篇章，不少书稿引入观众报告，让策展工作更贴近观众需求，提升了展览的互动性与社会影响力，折射出了策展与观众的双向赋能。

"策展笔记"第二辑依然集结了一支由撰稿人、专家与编辑组成的优秀团队。在此，我们向故宫博物院、辽宁省博物馆、上海天文馆、苏州博物馆、浙江省博物馆、杭州市临平博物馆、江西省博物馆、郑州商代都城遗址博物院、广东省博物馆、中山市博物馆、广西壮族自治区博物馆、四川博物院、陕西考古博物馆等多家博物馆的策展团队贡献的精彩文本表示由衷感谢。同时，还要继续感谢南京博物院理事长、名誉院长龚良，复旦大学文物与博物馆学系主任陆建松，浙江大学艺术与考古学院教授严建强，北京大学考古文博学院教授宋向光，上海大学现代城市展陈设计研究院执行院长李黎，西安国家版本馆副馆长董理，清华大学科学博物馆（筹）高级顾问杨玲等专家学者，他们的专业审读和中肯建议对提升"策展笔记"内容质量起到了关键作用。我们还要向浙江大学出版社董事长、党委书记、总编辑褚超孚，副总经理张琛，社科出版中心编辑团队及所有参与的工作人员致敬，他们一丝不苟的工作态度与精益求精的专业精神，确保了"策展笔记"第二辑的高质量出版。我还要特别鸣谢今天在浙江大学艺术与考古学院任"百人计划"研究员的毛若寒博士。作为执行主编，他不仅协助我延续并深化了策展笔记的体例，更以其富有朝气的学术洞察力推动了丛书品质的进一步提升。此外，还有许多未被逐一提及的专家和同仁，他们的辛勤工作和专业精神对整个编撰项目至关重要，我对他们表示由衷的感谢和敬意。

　　"策展笔记"如同一扇开启多元视野的窗，亦如聚焦万象的镜头，第二辑尤为如此。它不仅展现了中国博物馆展览生态的丰富多样，更深刻揭示了策展实践背后的创新思维与理论深度。从第一辑至第二辑，这套丛书见证了中国博物馆策展领域的进步，每一页笔记都凝结着策展人对新时代博物馆的角色与功能的深邃思考。这一历程不仅是策展理念革新的实录，亦是中国博物馆人敢于探索、勇于创新精神的鲜活体现。展望未来，我们将秉持"讲好中国故事"的初心，以"策展笔记"为桥梁，不断深化对新时代博物馆使命的理解与实践，致力于通过精品展览传承中华优秀传统文化，弘扬革命文化，发展社会主义先进文化，为建设社会主义文化强国、推进中国式现代化贡献博物馆的力量。

刘曙光

2024 年 8 月

考古聖地　華章陝西

Archaeological Holy Land
Magnificent Shaanxi

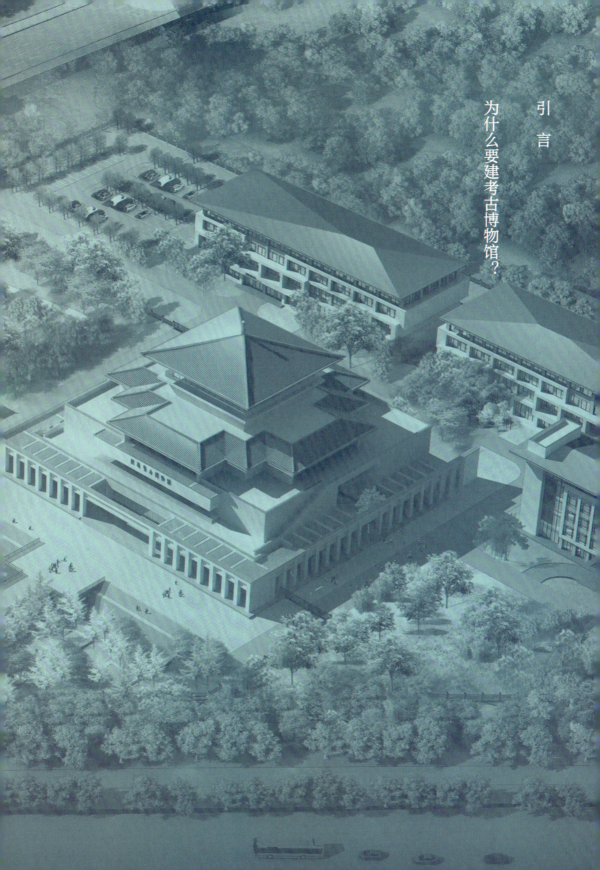

引 言

为什么要建考古博物馆？

　　1921 年，河南仰韶遗址的发掘，标志着中国考古学的诞生。经过一个多世纪的发展，中国考古学形成了以考古地层学、考古类型学为基础，多学科理论综合研究的学术体系。考古学及其研究成果越来越受到社会公众的关注，考古学对构建中华文明发展史、阐释中华五千年不断裂文明的作用愈发突显。尤其是 21 世纪以来，新理念、新技术和多学科综合研究机制及其成果的转化，更是更新了考古学研究的深度和广度。

　　以习近平同志为核心的党中央高度重视历史文化遗产的保护、展示和传承工作，强调考古学界要"做好出土文物和遗址的研究阐释工作，把我国文明起源和发展以及对人类的重大贡献更加清晰、更加全面地呈现出来"[1]。如何对中国考古学的理论方法体系、研究成果进行大众传播，如何利用考古研究中对遗迹、遗物的深度解读阐释中华五千年不断裂文明及中华文明起源发展过程等，成为中国考古学界的共识与思考命题，中国考古学迎来了新的发展机遇和挑战。使不断涌现的考古新成果惠及公众、服务社会，"让收藏在禁宫里的文物、陈列在广阔大地上的遗产、书写在古籍里的文字都活起来"[2]，成为新时代文物工作的一项新课题，也成为考古学界和考古工作者新的重要职责所在。

　　早在民国时期，中国考古学者除了撰写学术专著、科普文章及举办讲座外，就举办了 20 余场次考古成果展览。这些考古出土文物展，运用通俗化、多样化的展示方式，影响巨大，在构建公众正确的古史观、民族认同、国家认同与增强民族自信方面做出了重要贡献。当时，考古学家李济先生就提出建立国家博物院或在考古发掘地建立博物馆，进行考古成果的展示与公众文化传播。

经过百年发展，我国陆续建立了诸多依托考古遗址的考古遗址博物馆、收藏考古发掘品的"考古与艺术博物馆"等，博物馆类型不断丰富与细分，社会影响力越来越突出的考古行业，也亟须建立自己的行业博物馆，将临时性的、片段式的考古发现展转变为全面系统地介绍考古学理论方法和成果的考古博物馆，这不仅是民心所向、众望所归，也是让"小众的科学"变成"大众的文化"的有效途径[3]，更是中国考古学和考古事业发展的必然结果。

对中国现代考古学百年最好的致敬，就是书写更多新的历史时刻。2019年以来，北京、河南、山西、湖北等地纷纷面向社会公众开放了一系列"考古博物馆"，都从不同的角度对所承担的考古发掘工作的成果做了各自的阐述和展示。陕西省也高度重视文物事业发展，省委、省政府积极贯彻"让文物活起来"的新时代文物工作方针，促进文化事业繁荣和文化产业发展，陕西考古博物馆的建设便是贯彻落实实现"追赶超越"发展、扎实加强文化建设的具体行动，也是通过考古语言解读阐述和传承弘扬中华优秀传统文化的有力举措。该项目先后被列为省重点文化工程、陕西文物事业"十三五"重点项目。

陕西是中华民族和华夏文明的重要发祥地之一，历史悠久，文脉悠长。陕西省考古研究院扎根三秦大地，历经60余年发展，在文明探源、周秦汉唐考古研究、科技考古、文物保护、对外合作等领域开展了大量工作，成果辈出，人才辈出，已经成为中国考古的一支重要力量，在国内外具有很强的影响力。

从1934年的宝鸡斗鸡台考古发掘开始，近一个世纪的考古研究成果不但支撑了中国历史研究的大框架，也在考古学理论方法的研究方面谱写了辉煌篇章。三秦大地这块考古圣地，成为激发苏秉琦考古学中国梦的动力源点，更是促使他"顿悟"区系类型理论，提出中国考古学要与世界接轨、上升到"世界区系"的思想起点。石兴邦创新遗址发掘理念发掘半坡遗址，建立了中国第一座史前考古遗址博物馆——半坡博物馆；2000年后的陕西"大遗址考古"模式、聚落考古的实践、多学科考古综合研究的成果，领先国内其他省级考古研究机构。截至 2024 年 4 月，陕西考古成果中有 26 项入选"全国十大考古新发现"、11 项入选"百年百大考古发现"，数代陕西考古人砥砺奋进，致力于推动中国考古学的发展。

经过 60 余年的辛勤耕耘，陕西省考古研究院科研成果丰硕，也积累了大量的考古文物标本，各类遗址和遗迹出土的标本逾 18 万件（组），时间跨度从旧石器时代至元明时期，是陕西省最大、最重要的考古文物标本库。

如何让这些文物标本和科研成果更好地发挥作用，陕西省文物局和陕西省考古研究院在广泛深入的调查研究的基础上，提出了建设考古博物馆的构想。筹建伊始，陕西考古博物馆即定位为科学研究、公众教育与社会服务三位一体，展示考古工作和考古学科发展的学科专题博物馆。通过陕西考古博物馆将中国考古学的诞生发展及考古人艰辛探索的历程和辉煌成就进行充分的、系统化的展示，以期达到强化科研、服务社会的多重效果。同时，也希望能够创新和丰富中国博物馆新业态，使博物馆领域增加一种新的类型，打造中国考古学和博物馆事业高质量蓬勃发展的新增长极。

注释

〔1〕习近平：《建设中国特色中国风格中国气派的考古学　更好认识源远流长博大精深的中华文明》，《中国文物科学研究》2020 年第 4 期。

〔2〕中共中央宣传部：《习近平总书记系列重要讲话读本》，人民出版社，2016 年。

〔3〕苏秉琦：《如何使考古工作成为人民的事业》，载《苏秉琦考古学论述选集》，文物出版社，1984 年。

考古聖地　華章陝西

Archaeological Holy Land
Magnificent Shaanxi

考古圣地　华章陕西

图2-1 陕西考古博物馆建筑设计效果

一、展览概况

展览名称：考古圣地　华章陕西——陕西考古博物馆基本陈列

主办单位：陕西省文物局、陕西省考古研究院

制作单位[1]：苏州金螳螂文化发展股份有限公司

　　　　　　广东省集美设计工程有限公司

　　　　　　浙江世贸装饰股份有限公司

展览面积：5800平方米

展品数量：4891件/组

展览经费：7645万元（包含博物馆主体建筑公共区域2878平方米装

修费用）

　　开放时间：2022 年 4 月 28 日

　　观众数量：截至 2023 年底，接待观众 70 余万人次

　　从 1921 年到 2021 年，中国现代考古学走过了百年历程，艰苦而辉煌。华夏文明根脉所系的陕西作为中国考古之圣地，以宝鸡斗鸡台发掘为肇端，数代考古学人青灯黄卷、薪火相传，用众多考古实践揭开一页页溢彩华章，推动了众多历史和遗址类博物馆的诞生，也为中华文明探源、中华文明发展史的构建提供了有力支撑，做出了卓越贡献。

　　陕西考古博物馆（图 2-1）基本陈列主题为"考古圣地　华章陕西"（简称"考古圣地　华章陕西"展），展览以考古学科发展史与考古学理论方法、考古成果释读、文物保护理念与技术为三大主题，包含"考古历程""文化谱系""考古发现""文保科技"四大篇章，聚焦考古是什么、考古怎么做、考古的价值和意义等考古学研究的核心问题。

作为全国首座考古学科专题博物馆，陕西考古博物馆旨在以考古学科的逻辑、博物馆的语言，实现考古资料与研究成果的有效转化，揭示考古学在探索中华文明起源、形成、发展过程中的辉煌成就与重要贡献。展示内容专业性强、信息维度广。对于陈列设计而言，如何有效地转译专业性学科内容以适应公众观展习惯、尽可能地消弭密集陈列与海量信息带来的疲劳感，是一次不小的挑战。

陕西考古博物馆自2009年动议，2019年动工，历时950天建成开放（图2-2、图2-3）。博物馆主体建筑面积10753平方米，室内展览面积5800平方米。展厅共分三层，展线总长度905米，展览囊括从史前都邑与聚落、周代王都与采邑，到秦、汉、唐大一统时期的都城、帝陵、贵族及平民墓葬遗存，再到宋元墓葬与耀州窑瓷业古迹等内容，共涵盖考古项目138个，其中包含26项"全国十大考古新发现"、10项"百年百大考古发现"。室外园区展示面积10000平方米，包括考古桥、田野考古主题展示区、历代砖砌展示区、陶瓷石刻文物展示区。

博物馆室内陈列按照科研和展示相结合的原则，以考古人的视角通过多种手段集中展示考古学家如何阅读大地这本大书，如何通过丰富的地下物质遗存来解读辉煌的中国古代文明的技术与手段、成果与认识，以重塑古史，弘扬传统文化，增强文化自信。展示类别标配为展板展柜，还配备了专题影片、复原模型、雕塑、插画、多媒体与物理互动体验装置、3D-Mapping投影等多姿多彩的呈现方式。先进的技术和新颖的展示形式，不仅解决了考古专业叙事的视觉转化、仓储式密集陈列与海量信息的"减负"设计等一系列难点，更将考古学科背后精彩动人的故事呈现在观众面前，让更多人在走近考古、了解考古的过程中共享遗产保护成果。室外展览与秦岭、香积寺等自然人文景观融为一体，以真实的古代人类遗迹、模拟考古及考古标本展示，解读对古代文明的探索方法及过程，鼓励公众参与，让"小众的知识变为大众的文化"。

为了扩大展览的宣传范围与影响力，博物馆还推出了线上线下多种活动。

图2-2 陕西考古博物馆外景（上）

图2-3 陕西考古博物馆正门（下）

博物馆开放了线上"云展览"，利用官方网站、微信公众号、微博等对展览进行宣传。邀请报纸、广播、电视、网站等媒体持续对展览信息进行报道，并对策展人进行访谈。策展团队编制基本陈列图录，撰写展览解读论文、图书等，加深学术研究深度。

在新冠疫情背景与限制参观流量（每天 2000 人次）的情况下，2022 年博物馆开放 106 天，累计接待观众 13 万人次。截至 2023 年底，共接待观众 70 余万人次，取得了较高的社会评价和良好的社会效益。

二、内容解读

（一）"考古圣地　华章陕西"导语

陕西，古隶雍梁之域，秦巴南耸，朔漠北横，关河设阻，泾渭络通，《禹贡》称"上上之田"。炎黄诞焉，周秦立国，汉唐置都，雄踞天下几千年。昔日风流如云烟过眼应时散尽，厚土沃壤中的文明存迹、文化印痕，让古今之人每每追寻。

遗金弃石，先贤据以稽古事，后儒因之兴礼教。以揭示中华文明发展脉络，展示中华文明辉煌成就为己任的中国考古学，发轫于民族存亡之际，驰骋于国运转盛之时，在陕深耕近百年。累代相继的考古学家栉风沐雨、遍履山川以考求古迹，铲剔刷拂、细理泥土使遗珍重见光明。山野洞穴犹存击石逐猎之迹，泾渭汉丹频现农耕聚落彩陶之美。琢玉雕石于北国崇台见六畜兴旺，冶铸鼎彝于礼仪之邦庆五谷丰登。剑戟并锄锸成就一统基业，长安通西域凿空丝绸之路。金银珠宝万国衣冠广传盛世功业，精瓷善器釉色青白以利普罗民生。科技协力众学科加盟，为考古添翼收获盈饶，丰富了历史内涵，活化了历史场景。追溯文明源流，铸就国史新篇。触摸周秦汉唐昔日辉煌，构筑中华文化自信根基。

考古识中国，华章看陕西！

（二）"考古历程篇"——深入浅出的考古学史

考古学是主要根据古代人类活动所遗留下来的实物遗存，研究当时人们的生活及社会的状况，并进而解析人类文化与社会发展的历史过程，探索其发展变化的背景、原因和规律的一门科学。"考古历程篇"将考古学科的基础理论和中国考古实践发生发展的历程作为重点，梳理古代金石学的发展，说明从"中国考古第一铲"到"陕西考古第一铲"的考古史实；分析从地质学的地层到考古学文化层的发展过程；介绍中国考古类型学的早期实践探索；展示新中国成立之后陕西考古事业的发展与2000年后的陕西"大遗址考古"工作理念，为观众理解后续展览内容打下基础。

在"考古历程篇"，一进门，多媒体投影配合地书模型，在短短一分钟内，就带领观众进入考古学的前世今生，一览考古人的面貌风采（图2-4）。

影片主题为"千年酝酿　百年征程"。首先在地幕上呈现立体甲骨文、青铜器上的金文、石鼓上的文字字浪，文字翻涌，羽化成粒子，由书面上升至主屏。东汉有"古学"，宋称"金石学"。之后特效粒子汇聚成金石学家刘敞、欧阳修、李公麟、赵明诚、吕大临等代表人物画像，借以述说古代金石学的产生与发展。考古，始为中华寻根之器。千载而下，西学浸染，先驱开中国现代考古之风，画面依次出

图2-4　"考古历程篇"—序厅

现袁复礼、安特生、仰韶遗址，李济、梁思永、殷墟遗址，20世纪50年代中国社会科学院考古研究所成员合影，陕西考古代表人物徐旭生、苏秉琦、石兴邦，陕西省考古研究院参与的考古项目等。最后所有的画面汇聚到一张考古人的合影，点题考古识中国，华章看陕西。无数考古人前赴后继，求本源，探未知，于千年文化印记中，追溯中华文化自信根基。

　　地书模型意向取自"二重证据法"（图2-5）。王国维运用现代考古学的成果，结合《史记》《汉书》等史籍资料，对汉代边塞和烽燧的考实，玉门关址、楼兰及海头古城位置的确定，汉代边郡都尉官僚系统职官制度的排列等汉晋木简所涉及的相关问题，西域丝绸之路的探索等逐一做了详尽的考释，博大精深，对后人裨益极大。他创立的"二重证据法"，即"纸上之材料"与"地下之新

图2-5 "考古历程篇"的地书模型（组图）

材料"相互印证的研究方法，对 20 世纪中国学术研究产生了巨大的影响。我们利用历史文献典籍、近代考古人工作手记、现代考古发掘探方等三重设计元素，设计制作地书模型，寓意考古学家通过阅读博大精深的地书，为探究人类起源、探索文化发展脉络提供了可靠的解决手段。

我们所说的"考古"指的是现代考古学。然而，"考古"一词在我国的诞生，远不止一百年。"考古历程篇"以大量实物、图片及档案资料展示陕西考古的诞生、发展和成熟历程，细分为三个单元。

1. 第一单元"金石稽古　证经崇礼"

这一单元讲述中国考古学在滥觞时期——金石学阶段的积淀过程（图 2-6）。以 1982 年在西安东郊灞桥区三殿村发现的一座汉墓为索引展开，这座汉墓出土了 4 件西周晚期的铜簋（图 2-7）、1 件春秋晚期的蟠螭纹铜钟，说明西汉时期古人已经非常重视前朝器物的收藏。而在陕西梁带村芮国贵族墓中，出土了更早期的器物，如红山文化的玉猪龙，龙山时期的玉璧，商代的玉杖首、立鸟玉佩（图 2-8）、玉戈等。考古发掘的实物证实，古器物收藏的风尚在我国由来已久，这也正是促使北宋金石学诞生的因素之一。

北宋时期，重文抑武，鼓励经学，复兴礼制。金石学逐渐成为一门显学，士大夫阶层关注先秦礼器乐器的搜集、整理和研究。造纸、传拓技艺、雕版及活字印刷术的普及和改良，为金石文字和著述的流传提供了良好条件，直接催生了金石学。这一展区重点展示了吕大临其人及《考古图》（图 2-9）、北宋吕氏家族墓地出土的仿古礼器及收藏器物。展览特别将《考古图》所摹绘的器物线图与考古发掘出土的仿制礼器相对应，是吕氏族人好古、崇古、践古的真实写照（图 2-10）。展厅设置有《考古图》电子书查询屏幕，便于观众了解《考古图》在金石资料采集、著录体例方面的开创之功。

图2-6 "考古历程篇"——金石稽古 证经崇礼展厅效果（上）

图2-7 西周铜簋（左下）

图2-8 商代立鸟玉佩（右下）

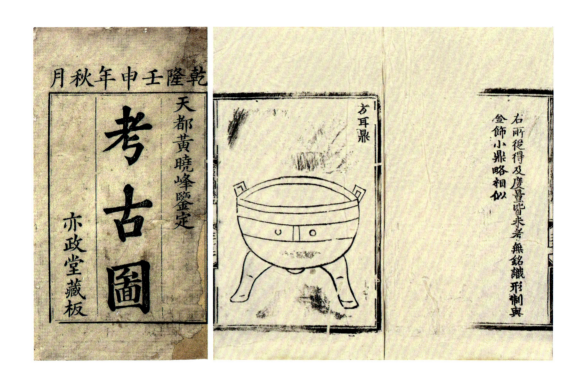

图2-9 吕大临著《考古图》

图2-10　仿制礼器与《考古图》摹绘器物对照（上两图分别为北宋博山炉香薰［左］和《考古图》绘博山香炉，下两图分别为北宋青釉瓦棱簋［左］和《考古图》绘散季敦）

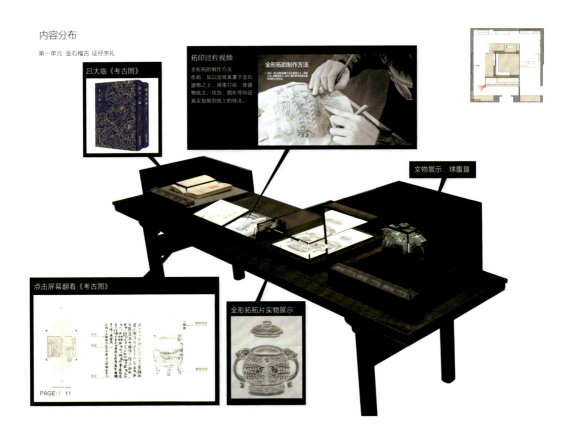

图2-11　全形拓展项设计效果

　　清代金石学受乾嘉学派的影响，金石考据著录、研究水平迅速提高，至清代末期达到鼎盛。这一展区主要利用图文资料展示了相关的金石著作，对毕沅在帝王陵墓前首立碑石、宝鸡戴家湾出土的"柉禁十三器"进行展示叙述，并通过宝鸡石鼓山出土的凤鸟纹球腹簋、多媒体拓印互动、全形拓过程演示及拓片等展项增进观众对于这一时期金石学发展的理解（图2-11）。

图2-12　商代晚期至西周早期凤鸟纹球腹簋及其全形拓（组图）

　　全形拓，又称立体拓、器物拓、图形拓，是一种采用墨拓技法，要求拓技者熟悉素描、裱拓、剪纸等技法，把器物原貌转移到平面拓纸上的特殊技艺，一般认为出现于清代嘉道年间。用该技法手拓之器物全形，器形准确与实物不二，纹饰清晰，丝丝入扣，铭文规范，笔画有秩，效果逼真，赏心悦目（图2-12）。金石学发展在民国时期达到顶峰，当时最有学问的人都在研究青铜器，由于照相技术在当时还未普及，人们想窥见一件别人收藏的青铜器是非常难的事，青铜器全形拓就满足了广大爱好者的需求。全形拓与现代照相提取器物信息有异曲同工之处。

　　单元结尾处，展览梳理了古代官方对古器物有意识的保护，尤其是陕西地方官员和机构对石鼓和《石台孝经》的动迁，开启了政府机构文物管护的先河（图2-13）。通过中国金石学和西方古物学的发展历程的对比展示（图2-14），在让观众了解中国古代金石学发展的同时，拓宽认知视野，了解西方考古学诞生前的一系列重大事件，了解中国考古学的自身积淀和舶来品的学科属性。

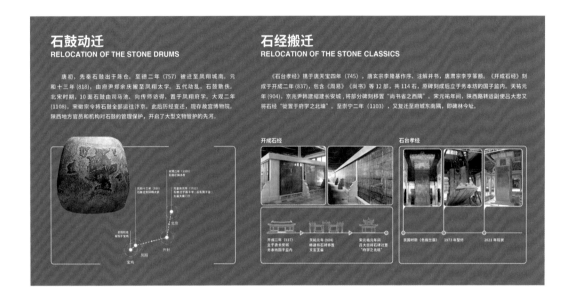

石鼓动迁
RELOCATION OF THE STONE DRUMS

唐初，先秦石鼓出于陈仓。至德二年（757）被迁至凤翔城南。元和十三年（818），由府尹郑余庆搬至凤翔太学。五代动乱，石鼓散佚。北宋时期，10面石鼓由司马池、向传师访得，置于凤翔府学。大观二年（1108），宋徽宗令将石鼓全部运往汴京。此后历经变迁，现存故宫博物院。陕西地方官员和机构对石鼓的管理保护，开启了大型文物管护的先河。

石经搬迁
RELOCATION OF THE STONE CLASSICS

《石台孝经》镌于唐天宝四年（745），唐玄宗李隆基作序、注解并书，唐肃宗李亨篆额。《开成石经》刻成于开成二年（837），包含《周易》《尚书》等 12 部，共 114 石，原碑刻成后立于务本坊的国子监内。天祐元年（904），京兆尹韩建缩建长安城，将部分碑刻移置"尚书省之西隅"。宋元祐年间，陕西路转运副使吕大忠又将经"徙置于府学之北墉"。至崇宁二年（1103），又复迁至府城东南隅，即碑林今址。

图2-13　石鼓动迁和石经搬迁

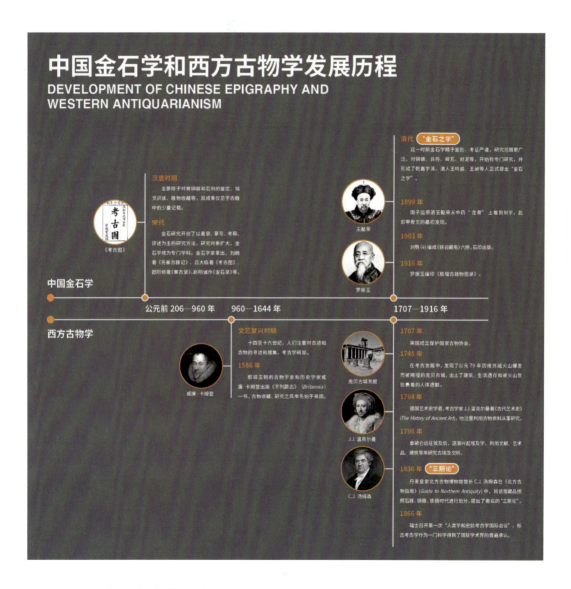

图2-14 中国金石学和西方古物学发展历程

奠定了中国考古的史学倾向

河南安阳殷墟发掘

1931 年春，殷墟第四次发掘，考古工作人员与地方人士合影
（图片来自《殷墟发掘照片选辑》）

中国学者第一次独立主持的考古发掘

山西夏县西阴遗址发掘

中国现代考古学的发端

1921 年河南渑池仰韶遗址发掘

1931 年
后冈三叠层
THE HOUGANG TRIPLE STRATIGRAPHY OF 1931

1928-1937 年
殷墟发掘
THE SHANG DYNASTY YINXU EXCAVATIONS OF 1928-1937

1926 年
西阴遗址发掘
THE XIYIN EXCAVATION OF 1926

1921 年
仰韶遗址发掘
THE YANGSHAO EXCAVATION OF 1921

图2-15　近代考古学在中国的发展

2. 第二单元"科学考古　兴史救国"

这一单元主要展示了中国现代考古学的发端，从地质学的地层到考古学文化层的发展过程，重点展示了宝鸡斗鸡台考古这一陕西科学考古的重要发掘项目，以及因此而成熟的中国考古类型学理论及实践。

20 世纪 20 年代，以田野调查发掘工作为基础的近代考古学在中国出现。1921 年，仰韶遗址的发掘拉开了中国现代考古学的序幕。1926 年，李济先生主持夏县西阴遗址的发掘，他是第一位独立主持考古工作的中国学者。1928 年，殷墟遗址的发掘是国内学术机构专门从事考古发掘工作的开端，也奠定了中国考古的史前倾向。在这一展区，展览充分利用档案资料，以重要考古遗址、代表性学人为线索，穿插老照片、考古报告、遗址发掘方法记录，展示近代考古学在中国的发展和中国学者在田野考古发掘技术与方法体系方面的实践（图 2-15）。

图2-16　展项：什么是考古地层学？

　　同时，借由梁思永在殷墟遗址发掘确认的"后冈三叠层"，展览引出知识链接"什么是考古地层学"（图2-16）。展项集中展示红烧土、灰坑土、夯土、原始生土、五花土等提取自不同遗迹单位的土块样本，突出考古特性（图2-17）。展示策略方面，展厅复原了陕西的"另一个三叠层"，并原创设计了考古地层学多媒体动画演示、互动游戏。在游戏设置中，引导观众理解不同时期地层所包含的文物，在田野考古发掘中如何辨认土质、土色，如何正确理清田野发掘过程中古代遗存之间错综复杂的堆积、叠压与打破关系。除此之外，利用相关考古学词条的解释、田野考古发掘微缩模型（图2-18）等展项设计，多种展示手法叠加，使观众多角度、立体地全面感知考古地层学的理论方法与实践应用，近距离地接触考古、了解考古和认识考古。

　　本单元还对陕西早期的考古调查、学术团体的建立和考古工作进行了详细梳理。展品以民国时期出版的期刊、图书为主，大量利用老照片、档案资料，借此体现中国的学者们开始走向田野，以兴史救国为己任，肩负起以寻找中华文化源头、建立

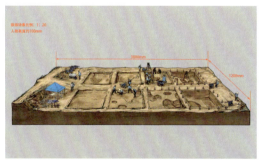

图2-17　不同考古遗迹提取的
土块样本（上）

图2-18　田野考古场景微缩模
型（1：20）（组图）（下）

1921 年起，国内学术团体纷纷建立，陆续在陕西开展考古工作，为陕西考古乃至中国考古学的发展积累了大量资料。

西京筹备委员会 /1932

1932 年，西京筹备委员会在陕西境内开展文物调查、规划与保护工作，对文庙等场地、古建筑等进行调查，主持或参与有《西京胜迹图》《关中胜迹图》《西京记古迹名胜古迹勘测图》等。

中央古物保管委员会 /1934

1934 年，中央古物保管委员会在西安周围开展调查，考察周公王墓、武王陵、太公望墓、汉茂陵及霍去病墓等。

国立西北联合大学 /1938

1938 年，西北联合大学历史系成立了"考古委员会"，聘文献地质等为历史系教授，至年底止考古发掘。对汉中地区全境进行调查，发掘墓葬等。1945 年4月，国立西北大学历史系成立西北文物研究室。

西北史地考察团 /1943

1943 年，西北史地考察团资料(gim)、石璋如、向达、夏鼐，四次傅斯年对陕西遗址进行的前期勘测进行了一次全面调查，主要收获有《关中考古调查报告》《传说中陕西的实际考察》等。

国立北平研究院 /1933

1933 年，国立北平研究院与陕西协商合作考察期间，对西安及其附近及其文物古迹进行了详细的考古调查，含整理收录有《陕西调查古迹报告》《国立北平研究院第六卷工作报告》。

陕西考古会 /1934—1943

1934 至 1943 年，国立北平研究院与陕西省政府合组陕西考古会，在陕西地区开展考古工作。积极为地方培训文物搜集的制定和完善建言献策。

教育部艺术文物考察团 /1940—1945

1940 年6月，国陕政府教育部组建王子云为团长的艺术文物考察团，主要任务是考察西北历代文化遗存等艺术品，通用照影、临摹、拓印、复制、剪纸、记录和摄绘等旨为收集数据图象方式。

图2-19　国内机构在陕西的考古调查

上古史为目的的历史使命（图2-19）。

　　在甲骨文、殷墟考古实证殷商史的基础上，国立北平研究院和陕西考古会以探索周秦初期文化为目标，从 1934 年起对宝鸡斗鸡台遗址进行了三次考古发掘。这也是"中国考古学初步发展时期最重要的发掘项目之一"，成为陕西科学考古之肇端，也成就了以苏秉琦为代表的一批杰出中国考古学家。在此叙事线索下，展览引出中国学者对考古类型学理论的早期探索、知识链接"什么是考古类型学"（图2-20）。重点展项是"考古落铲斗鸡台"（图2-21）、"苏秉琦的书房"（图2-22）。从田野发掘到书斋研究，展览通过考古学家的日记、手稿、著作、影像，带领观众了解考古学人如何通过田野考古发掘总结探索规律，认识历史，解码文明。

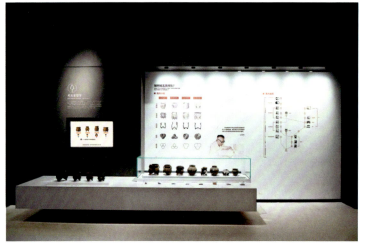

图2-20　展项：什么是考古类型学？（上）

图2-21　展项：考古落铲斗鸡台（中）

图2-22　苏秉琦的书房展厅实景（下）

图2-23 "大遗址考古"工作展示

3. 第三单元"顺应时运 考古扬帆"

这一单元以考古项目为依托系统梳理了新中国成立后陕西考古的发展历程，其中不乏西安半坡遗址、周原青铜器窖藏、秦始皇帝陵兵马俑坑、法门寺唐代地宫、汉景帝阳陵陵园的发掘等，并介绍了"大遗址考古"的工作理念与方法（图2-23）。此处穿插展示了两处不同年代的考古工作常用到的探铲、手铲、刷子、全站仪、无人机、数码相机等工具，随着时代发展与科技进步，考古人员的装备也在不断升级革新。

在城市化飞速推进的21世纪，基本建设项目成为陕西考古工作的主要内容。但新的时期考古也不再是被动配合，而是在实践中逐渐探索出"考古前置"的工作模式，即在开发利用土地之前，先进行考古调查和勘探，最大限度地保护文化遗产。西安咸阳国际机场的扩建工程就是"考古前置"模式下的优秀案例。通过历时三年的考古工作，考古队员们发掘了大批古代遗存，也为机场建设排除了地下安全隐患。陕西基本建设考古与城市建设相生相伴，在目前以及今后很长一段时间，都将占据考古发掘工作的一大部分。在这一展区，展览设置有多媒体数据查询展项，观众可以现场查询遗址现场、出土器物、考古工作过程等信息，发挥出考古项目信息检索库的作用。随着考古资料整理发表的增加，查询点位和数据加载也会持续更新。

（三）"文化谱系篇"——考古学文化的时空框架

"文化谱系篇"以丰富的考古项目为基础，陕西考古建立起旧石器时代、新石器时代和夏商周时期的考古学文化谱系，梳理以渭河流域为中心的史前文化分布和各支文化的考古学文化特征，揭示陕西境内黄河流域古人类和中华文明演进发展的考古学文化图谱（图2-24）。由此，为搭建全国范围内不同时期考古学文化的分期、谱系和年代框架提供了重要支撑，丰富了考古学区系类型理论，揭示出中国古代文明多元一体的典型特质，为认识早期中国大范围、长时段的文明发展脉络提供了科学依据。

1. 第一单元"旧石器时代"

旧石器时代是指距今约700万年到约1.2万年，以使用打制石器为标志的人类发展阶段（图2-25）。目前最早的打制石器发现于330万年前的非洲肯尼亚。陕西地区目前发现最早的古人类是距今115万年的蓝田人。而在陕南汉中盆地的南郑龙岗寺遗址，考古学家发现人类的生存遗迹可以追溯到距今约150万年前，并一直延续到了距今约7万年前后。龙岗寺遗址出土的器形小而轻薄的刮削器、尖状器是"简单石核—石片技术"的产物；洛南旧石器地点群出土的器形宽大、厚重的手斧（图2-26）、手镐和石球则采用了阿舍利技术这一石器打制方法。展陈采用图文讲解结合视频的方式，展示旧石器时代石器的打制技术与方法（图2-27）。蓝田公王岭和陈家窝、南郑龙岗寺、洛南盆地遗址群、大荔甜水沟、南郑疥疙洞、宜川龙王辿等遗址及遗址群的发现，构成了百万年以来陕西乃至中国古人类文化遗存的框架。

2. 第二单元"新石器时代"

大约从1万年前开始，我国普遍进入以磨制石器为标志的新石器时代，同时出现制陶、农业、定居等生业模式。中国各地区系文化相继形成。陕西新石器时代遗址数以千计，以老官台、北首岭、半坡、姜寨、泉护村、客省庄等遗址的考古工作为引领，率先建立起中国新石器时代文化的年代标尺，即前仰韶、仰韶和龙山三个阶段。

陕西境内前仰韶时期一般是指白家文化和老官台文化所代表的阶段，距今约8000—6800年（图2-28）。两支文化前后承续，主要分布区域为关中地区和汉水上游。白家文化典型遗址有西乡李家村、临潼白家、渭南北刘、宝鸡关桃园等。老官台文化典型遗址为华县老官台和元君庙、临潼零口、宝鸡北首岭等。这一时期是史前人类从山丘走向平原，开拓农业文化生活的早期，旱作农业逐渐产生（图2-29），磨制石器和陶器开始出现，人们开始营建早期村舍。

仰韶时期是我国新石器时代文化和社会发展的第一个高峰，距今约6800—

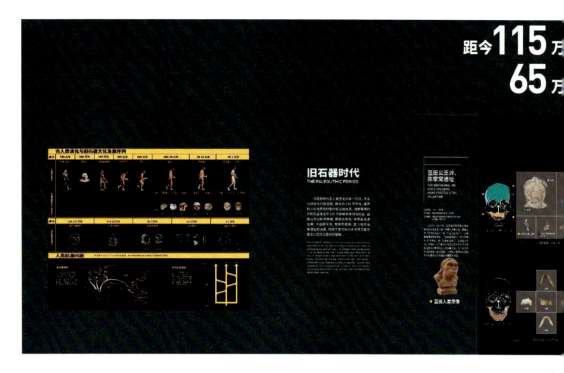

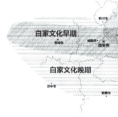

图2-24　陕西考古学文化谱系的时空框架

今26万—
18万年

距今10万—
1.5万年

距今2.6万—
2.1万年

甜水沟
大荔人遗址
THE DALI MAN SITE IN
TIANSHUIGOU, DALI
COUNTY

南郑
疥疙洞遗址
THE JIEGEDONG CAVE
SITE IN NANZHENG

宜川
龙王辿遗址
THE LONGWANGCHAN
SITE IN YICHUAN

测年技术
ARCHAEOLOGICAL DATING
TECHNOLOGY

公元前2070—
前1046年

夏代遗存
THE XIA DYNASTY
ARCHAEOLOGICAL REMAINS

夏商时期
XIA AND SHANG PERIODS

西安老牛坡
夏代遗存

商代
东龙山遗址

古人类演化与旧石器文化发展序列

距今	700万年	600万年	580万年	500万年	200万年	180万—20万年
	乍得沙赫人	图根人	地猿始祖种	南方古猿	能人	直立人

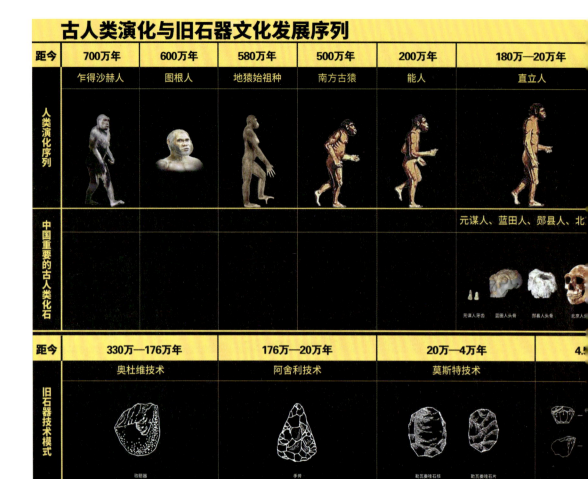

| 人类演化序列 | | | | | | |
| 中国重要的古人类化石 | | | | | | 元谋人、蓝田人、郧县人、北 |

元谋人牙齿　蓝田人头骨　郧县人头骨　北京人

距今	330万—176万年	176万—20万年	20万—4万年	4.5
旧石器技术模式	奥杜维技术	阿舍利技术	莫斯特技术	

砍砸器　　　　　　　手斧　　　　　　勒瓦娄哇石核　勒瓦娄哇石片

人类起源问题

学术界普遍认为直立人起源于非洲，但世界各地的现代人如何起源仍有不同观点

走出非洲说

　　1987年，西方遗传学家提出所有现代人的直系祖先在距今20万—15万年间起源于非洲，即"走出非洲说"(out of Africa)。"现代人"是有别于直立人和早期智人的一个新物种。现代人自非洲起源后，逐步扩散到世界各地，取代了当地原有古人类。

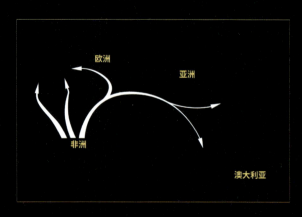

欧洲　　　亚洲

非洲

澳大利亚

多地区起源说

　　"多地区起源说"主张世界各地的现代人与当地的早期智人、更早的直立人之间存在着连续的关系。东亚地区的古人类演化过程中未发生过外来人群对本地人群的大规模替代，本地主体人群与外来人群之间主要是融合关系。

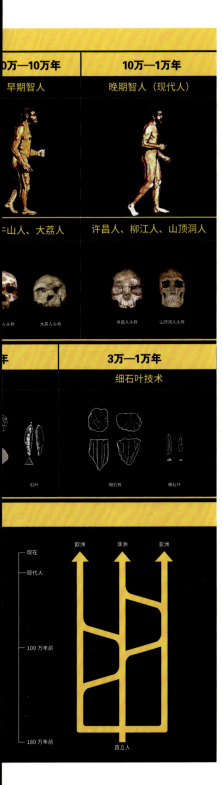

0万—10万年	10万—1万年
早期智人	晚期智人（现代人）
二山人、大荔人	许昌人、柳江人、山顶洞人
大荔人头骨	许昌人头骨　山顶洞人头骨

年	3万—1万年
	细石叶技术
石叶	细石核　细石叶

欧洲　非洲　亚洲

现在
现代人
100 万年前
180 万年前
直立人

图2-25　古人类演化与旧石器文化发展序列（左）
图2-26　旧石器时代（距今25万—5万年）手斧（右）

图2-27　旧石器时代展示区（组图）

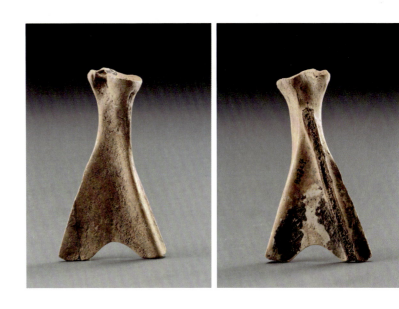

图2-28　前仰韶时期考古遗址标本组合展示（上）

图2-29　前仰韶时期骨耜（组图）（下）

图2-30　仰韶时期考古遗址展示（上）

图2-31　关中地区仰韶文化典型陶器形态演变展示（下）

图2-32　仰韶早期半坡类型遗址遗物展示

4800年。其中，仰韶文化是中国境内最早被确认的新石器时代文化，因1921年首次发现于河南渑池仰韶村而得名。近百年来，主要发现的仰韶文化遗址已达5000余处，分布在西迄甘青交界、东至河北、北抵河套、南达湖北西北部的广大区域，其核心区域在陕西关中地区、河南以及山西南部、河北南部。陕西境内仰韶文化聚落散布在以渭水河谷为中心的关中平原、陕南汉水上游的河谷和陕北大小河流的阶地两岸（图2-30）。渭水流域是仰韶文化的核心区，通过代表性的彩陶、尖底瓶等文化因素逐步向周边扩展，促进三秦大地不同区域之间的文化互动与整合，以彩陶的传播为代表，完成了中国史前文化的第一次广域整合（图2-31）。仰韶文化前后持续了2000多年，考古学家按照时代早晚将陕西地区的仰韶文化分为半坡类型（图2-32）、庙底沟类型（图2-33）、半坡晚期类型（图2-34）三个阶段，分别代表仰韶文化的早、中、晚三期。这一时期的典型遗址有西安半坡、临潼姜寨、南郑龙岗寺墓地、华县泉护村、高陵杨官寨、蓝田新街等。

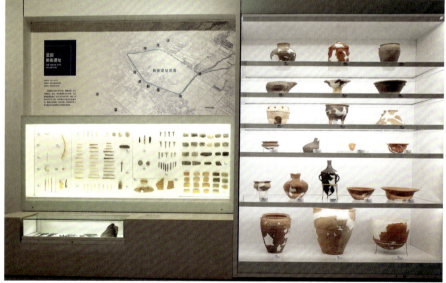

图2-33　仰韶中期庙底沟类型彩陶展示（上）

图2-34　仰韶晚期半坡晚期类型遗址展示（下）

　　龙山时期距今约4800—4000年。自仰韶文化晚期以降，陕北地区在与周边文化的交流融合发展中逐渐走向兴盛，直至龙山时期呈现跳跃式发展，出现以石峁遗址为代表的大批石城聚落，考古学上称之为石峁文化。陕西境内龙山时期考古学文化命名较多，早期主要为庙底沟二期文化和案板三期文化（图2-35），晚期主要为客省庄二期文化和石峁文化（图2-36）。典型遗址有武功赵家来和浒西庄、扶风案板、长安客省庄、延安芦山峁、神木石峁等。

3. 第三单元"夏商时代"

　　20世纪50年代，黄河库区水利工程考古已在华阴、华县等地区发现夏商文化的线索。1980年后西安老牛坡、商洛东龙山等遗址的发掘，建立起关中地区夏商时期的文化谱系，并识别出周人早期的文化遗存。清涧李家崖、城固宝山等遗址的发掘，使陕北、陕南的商代地域文化也得以辨识。在陕西众多商文化遗址中，以西安老牛坡遗址最为著名。老牛坡遗址是陕西规模最大的一处商代遗址，也是商王朝在西部疆域最大的一个聚落遗址。遗址位于西安市灞桥区，西起袁家崖村，东至沙河沟，南及灞河二级阶地，北达安家庄村南，面积约100万平方米。在遗址内发现了众多灰坑、陶窑、墓葬、房址、灶坑等遗迹，出土陶、石、玉、骨、蚌、铜灯等各类文物。此外，在老牛坡遗址还发掘出相当于夏代的墓葬、灰坑、灰沟，是目前发现的分布最西的夏文化遗存，说明夏王朝的势力范围达到了关中中部地区。

4. 第四单元"先周与周原"

　　周原膴膴，堇荼如饴。在商人活跃于河南地区的时候，陕西的关中西部同时活跃着一批周人。周原是周人重要的发祥地和先周时期的都城，在周人的心目中始终具有特殊而崇高的地位。自古公亶父迁居岐下周原，以郑家坡遗址为代表的姬姓周人、以刘家墓地为代表的姜戎族群，共同在这片区域繁衍生息、养精蓄锐。有西周

图2-35　龙山早期考古遗址展示和陕北青龙山遗址窑洞复原模型（1：4）（组图）

图2-36　龙山晚期考古遗址展示

一代，周原一直是京畿之地，宫室、宗庙始终未废，一些重大国事活动都在此举行，留下了极为丰富的文化遗存，如城址、墓地、水利设施、大型建筑、手工业等，为今人了解西周历史文化提供了极为珍贵的实物资料（图2-37）。本单元全面总结了60余年来周原遗址的考古收获，并将整体搬迁后的贺家铜轮牙马车遗迹陈列在展厅内。

　　每个时期的典型遗址，配合展示该遗址的典型遗物组合，使观众了解在没有文献记载的史前时代，考古学研究如何通过存在于一定时间和空间内的一组具有相同特征的实物遗存，也就是考古学文化，认识成组物质文化遗存与特定人群及社会之间的关系。

　　除介绍每个时期的典型遗址与展示典型物质遗存外，"文化谱系篇"还穿插了大量考古学研究中涉及多学科研究的内容，如测年法、动物考古（图2-38）、植物

图2-37　周原遗址展示（上）

图2-38　展项：什么是动物考古？（下）

图2-39　展项：什么是植物考古？（上）

图2-40　零口遗址的体质人类学研究成果综合展示（下）

考古（图2-39）、体质人类学（图2-40）、环境考古、实验室考古等。展览利用动画、多媒体互动、插画等多种展示手段将信息融于总体设计与各展项序列，借助学科研究的信息深度与广度，通过分层、分类和环环相扣的布展设计，为观者提供多元表达与多方视角，着力呈现完整的社会历史文明图景。

（四）"考古发现篇"——考古重现古代社会图景

　　基于多学科、全方位理念的田野考古，促进了考古研究由偏重谱系编年、物质文化史向社会发展史探索的转变。陕西考古人着眼于文明起源、国家形成和社会发展的探索研究，以"探索未知、揭示本源、构建先史"为己任，实施了创新性的"大范围调查、大面积勘探、小面积发掘"考古工作模式，唤醒了沉睡数千年之久的石峁、周原等承载着厚重历史的皇皇都邑。以物质文化资料为基础，重建史前史以及先秦史、探讨区域社会演进模式与过程已成为考古学家的努力目标。"考古发现篇"共有8个单元，分布于博物馆二楼3号展厅和三楼4号展厅，主要展示的是陕西地区从史前的仰韶中晚期到宋元明时期的重要遗址。这些考古项目大多荣获过"全国十大考古新发现""田野考古奖"等荣誉，有的还获得过"百年百大考古发现""世界十大重要考古新发现"等荣誉。

　　这些考古项目的展陈方式主要以遗址为单位，以聚落、都城（都邑）和陵墓考古的重大发现为纲，连缀各时期丰富的中小型墓葬材料，复原从史前到宋元各时代的社会图景。"考古发现篇"每一个项目的展示，都不是单纯展示发掘出土的遗物，而是以一个多学科综合研究的课题视角，展示"考"的理念和详尽过程、"考"的方法和技术以及"考"的成果，深入展示考古学研究在历史文化研究各层面上的价值与贡献。重视考古现场还原和遗物组合的原真性、科学性，在关注考古遗物的艺术价值之外，更重视通过标本及标本组合、标本与遗迹的对应关系等考古研究的方法、过程和价值意义，去揭示一个遗址乃至一个历史时期的考古发现所反映的历史内涵和社会风貌，并将复原的过程展示给观众。

　　这些重大考古成果、重要研究项目，完整地呈现了考古学揭示我国文明起源、多元一体国家的形成、文化融合、社会经济发展的贡献，绘制了一幅由考古连缀的历史画卷，集中体现了考古学重建历史、证经补史、延伸历史轴线、增强历史信度、丰富历史内涵、活化历史场景的重大贡献和作用。

1. 第一单元"史前都邑与聚落"

仰韶中期以来，聚落数量大幅增加，规模大小日益分化。大型环壕和城垣、礼制性建筑和高等级"奢侈品"的出现，显示出了权力集约、阶层分化和社会动荡加剧的复杂化趋势。以杨官寨环壕聚落、石峁石城和芦山峁高台建筑群为代表的史前大型聚落和都邑性城址，区域核心地位凸显，展现出文化意义上的早期国家形态。

杨官寨遗址位于高陵区姬家街道杨官寨村泾河左岸的一级阶地上，面积约100万平方米，是关中地区仰韶中晚期中心性聚落之一。发现有庙底沟时期最大的环壕聚落、疑似墙基的遗存、水池、排水系统、房址、灰坑、陶窑、墓葬、水井等遗迹，出土各类文物7000多件。遗址内功能分区清晰，防卫设施完备，已呈现出早期城邑的雏形，代表了仰韶文化鼎盛时期聚落规划管理的最高水平，标志着早期中国文明发展的高度。

杨官寨遗址项目展示了大致为梯形的环壕聚落结构（图2-41），讲述考古学者如何根据环壕内外各区域出土遗存的种类，判断环壕聚落制陶、祭祀、池苑等功能区的划分；如何通过墓葬区随葬品与环壕区出土遗物的特征对比，判断东北部1000多座墓葬的墓主就是环壕聚落的主人；如何运用体质人类学和分子生物学技术分析墓葬人骨，得出聚落中成人女性多来自聚落外部、男性在聚落内占主导地位的结论，并进而判断聚落的社会发展形态。又如将杨官寨遗址纳入渭河、黄河中下游地区的庙底沟文化大时空框架内，通过对"花瓣纹"彩陶分布范围的分析（图2-42），进一步考量该遗址在文化意义上的"华夏""中国"诞生过程中所扮演的角色和核心地位（图2-43）。

同时，杨官寨遗址展示中还介绍了动物考古、植物考古、体质人类学、DNA分子分析等科技考古的方法，展示了考古学技术手段和理念的进步。展项中还运用多媒体趣味性互动装置，向观众科普了"聚落"的形态和生活内涵。

图2-41　杨官寨遗址聚落布局

○ 公共墓地

城市雏形
PRECURSOR OF EARLY CITIES

　　杨官寨遗址迄今已发现庙底沟文化环壕、西门址、水利系统、成人墓地等设施，是一处经过全面规划、功能齐备的史前聚落，这一系列发现是庙底沟文化聚落与社会研究的重大突破。

■ 人面陶器
POTTERY WITH HUMAN-LIKE FACE

　　人面像陶器是以镂空、浮雕、戳印、阴刻、彩绘等工艺手法，将近似人面的形象装饰在陶盆、陶豆、残陶环、陶钵、泥饼、纺轮等陶器上。该类文物寄托着史前先民的情感和信仰，在同时期其他遗址中极为少见，体现了杨官寨遗址的特殊地位。

图　例

■ 环壕　　　　　■ 中心水池遗址
■ 环壕西南角　　■ 中南部生活区
■ 环壕东北角　　■ 仰韶晚期制陶作坊区
■ 西门址　　　　■ 公共墓地

● 戳印人面像泥饼　　　　● 镂空人面像陶罐　　　　● 镂空人面像陶罐

④ 内蒙古商都章毛勿素遗址出土
"弧线三角纹"、"圆点纹彩陶盆"

⑤ 辽宁凌源牛河梁遗址出土
"勾旋纹"彩陶罐

向北

马家窑文化

③ 甘肃秦安大地湾遗址出土
"花瓣纹"彩陶

向西

庙底沟文化

③

⑦

⑧

⑨

③ 甘肃秦安大地湾遗址出土
"花瓣纹"彩陶

向南

⑦ 湖北枣阳雕龙碑遗址出土
"花瓣纹"彩陶罐

⑧ 湖北枝江关庙山遗址出土
"花瓣纹"彩陶豆

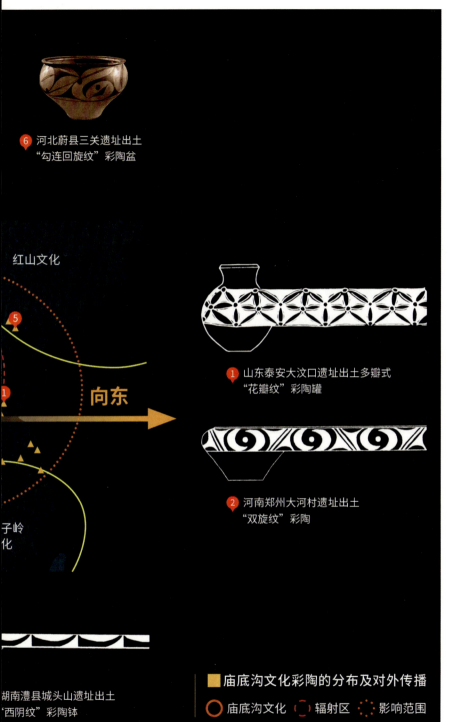

6 河北蔚县三关遗址出土
"勾连回旋纹"彩陶盆

红山文化

5

向东

1 山东泰安大汶口遗址出土多瓣式
"花瓣纹"彩陶罐

子岭
化

2 河南郑州大河村遗址出土
"双旋纹"彩陶

胡南澧县城头山遗址出土
"西阴纹"彩陶钵

■ 庙底沟文化彩陶的分布及对外传播

○ 庙底沟文化   辐射区   影响范围

图2-42 庙底沟文化彩
陶的分布及对外传播

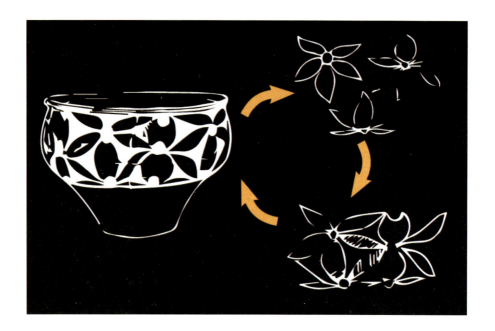

图2-43　庙底沟遗址出土共用花瓣纹的彩陶盆和仰韶中期的花瓣纹彩陶壶（组图）

图2-44　芦山峁遗址大营盘梁遗迹分布示意

　　芦山峁遗址位于延安市北郊延河左岸，核心区面积超过200万平方米。中心区发现四座大型夯土高台，台上构筑中国迄今最早的四合院式宫殿和宗庙等礼制建筑。展览以图版和实物标本结合的方式，展示了大营盘梁遗迹发现的宫殿建筑与大量板瓦、筒瓦及奠基礼玉共存的迹象（图2-44），表明芦山峁遗址是龙山时代早期的都邑遗址，是早期礼制与黄河文明的重要载体。

　　石峁遗址地处陕北榆林秃尾河流域梁峁交错、川塬相间的黄土高原边缘地带，依形就势而建，自内向外由石砌台基及石墙围成的皇城台（图2-45）、内城和外城三部分构成。城址总面积达400多万平方米，是目前中国已发现的最大的史前城址，

图2-45　石峁遗址皇城台（2018年9月摄）

发现有城防设施、宫室建筑、大型墓地及手工业作坊等遗迹，出土了数以万计的文物，是距今4000年前后东亚地区保存最好、规模最大、内涵最丰富的都邑性城址，代表了中国北方早期国家文明的发展高度，被誉为21世纪中国最为重要的考古发现之一。

　　进入石峁遗址展示区域，展览首先通过多媒体漫游《神奇的石峁遗址》介绍了遗址概况。借助东门址模型让观众更加直观地看到石峁遗址防御工程的建造，展示了与"藏玉于墙"（图2-46）、"杀戮祭祀"（图2-47）等特殊现象相关的文物展品。此外，石峁遗址展示区域还将石雕按原位置嵌入模拟石墙（图2-48），启发观众思考石雕对于石墙的功用。这种将遗迹和遗物紧密结合的展示方式，增强了观众的代入感、现场感，也加深了观众对遗物的理解。

图2-46　石峁遗址外城东门"藏玉于墙"现象（左上）和龙山时代晚期至夏代早期的玉牙璋（右上）

图2-47　石峁遗址外城东门址（左下）及"杀戮祭祀"现象（右下）

图2-48　石峁遗址的石墙、石雕展示

在石峁遗址的皇城台部分，首先通过陶鹰、卜骨、口簧等高等级遗物组合，突出说明皇城台的重要地位。辅以手工业遗存展示以及动植物考古互动，让石峁遗址全方位、多角度地展现在观众眼前。石箭镞展项还特别借助人形立牌、使用场景还原等，增强观众身临其境之感。

2. 第二单元"周代王都与采邑"

伴随着龙山时代的结束，中华文明也进入了新的发展阶段。历经夏、商，到公元前1046年，武王灭商，建立了西周王朝。周人立足周原，势力逐渐壮大，向东发展。有周一代，对后世中国与东亚影响深远。文王迁丰，武王都镐，在沣河两岸建立都城开启了西安3000年的建都史。关中周代贵族群聚，宗庙世代典守，是周文化的昌盛之地。数十年来考古求索，周原与丰镐王都的风貌日渐

图2-49　周代王都与采邑

　　清晰，多处贵族采邑或封国连续揭示，周代国家治理体系得以管窥。宫庙建筑、贵族墓群、百工遗迹、青铜重器屡屡出土，周代历史文化与艺术成就由之彰显（图2-49）。

　　丰镐遗址是伴随着中国近代考古学一起成长发展的遗址之一。丰镐遗址总面积逾 25 平方千米，中心区域面积约 18 平方千米，其中道路、大型宫殿基址、祭祀遗存、高等级贵族墓地、手工业作坊区、水系等设施基本完备，形成了"一都双城"，是都邑发展史上的重要遗址。考古学家将丰镐遗址的周文化遗存分为六期，第一期属于先周晚期也就是文王时期，二至六期属于西周时期，也就是武王至幽王时期。1997 年夏商周断代工程项目在沣西马王村 T1 的发掘中，发现先周晚期单位 H18 与 H11、H8 和第 4 层等西周文化典型单位和地层的堆积（图2-50），建立起与周原及漆水、泾水中游地区先周文化遗存的明确关联，确认了西周文化的主要来源。H18 为"武王伐纣"年代的推定提供了重要的考古学依据，对认识先周和西周的分

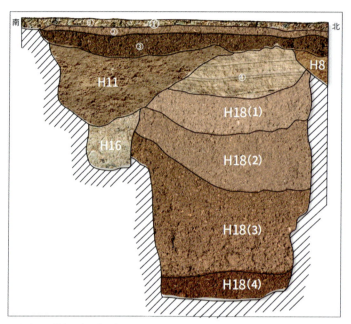

▲ 长安马王村丰镐遗址典型地层剖面（97SCMT1）

通过沣西马王村的发掘，建立起丰镐与周原等地区先周文化遗存的
明确关联，确认了西周文化的主要来源。丰镐遗址先周、西周遗存
共分六期，从文王迁丰至宣幽时期约 300 年。

❶ 表土层
❷ 晚期扰土层
❸ 西周中期堆积层
❹ 商周之际堆积层
H18 先周晚期灰坑

图2-50　长安马王村丰镐遗址典型地层剖面

界具有界标意义。这也充分解释说明了考古学研究的基本方法，即一座遗迹就是一个年代学单位，考古发掘和研究都要落实到遗迹单位上。

周公庙遗址位于岐山县城以北的凤凰山南麓，商周时期遗存达 3.7 平方千米，其中包括 7 处墓地、2 处贵族居住区、9 处普通平民居住区、3 处铸铜作坊和 1 处制陶作坊等 20 多个不同的功能区，出土了大量的刻辞甲骨，是西周考古中发现甲骨文最多的一处遗址，共发现了 2500 余字。根据考古研究，周公庙商周时期聚落形成自先周时期，西周早期规模不断扩大，功能划分趋向复杂，达到鼎盛，至西周中晚期之际逐渐衰落。周公庙遗址发掘获取了丰富的地层关系与实物资料，由此建立了该遗址商周时期考古学文化的分期谱系，厘清了商周时期的聚落结构，判断其为"周公采邑"的聚落性质（图 2-51）。这一展项对比展示了高等级贵族墓地、低等级贵族和平民墓地出土的遗物。展览中不仅展出了重点的甲骨文物，还介绍了甲骨占卜的过程，并利用甲骨文识读互动装置让观众亲自感受甲骨文和现代简体汉字的异同。

宝鸡石鼓山墓地面积约为 24 万平方米，作为为数不多保存完好的西周早期中型墓葬，是目前以高领袋足鬲为标志的刘家文化最高等级墓地。近年出土青铜礼器 92 件，多数铸造精湛，是为重器，而禁、牺尊、铠甲等较为少见。展厅集中展示了墓地 M4（图 2-52）出土的造型优美独特、铸造精湛的乳钉纹四耳簋、牺尊、附耳龙纹鼎及其他青铜礼器。要特别说明的是，石鼓山墓地出土的礼器来源有别，反映出当时社会的剧烈变化，也证实了文献关于西周初期"分器"的记载。这为姜姓刘家文化与姬周文化的融合过程及考古学文化与族群的对应关系等的研究，提供了个案实例。

芮国肇始于商末周初，以周文王断虞芮之讼进入史家视野，国君曾为周王辅臣，国都数迁，公元前 640 年为秦穆公所灭，立国长达 400 余年。陕西韩城梁带村、澄城刘家洼等芮国遗址的考古发现，证实了春秋芮国封地的确切所在，呈现了周室

图2-51　周公庙遗址商周时期聚落结构

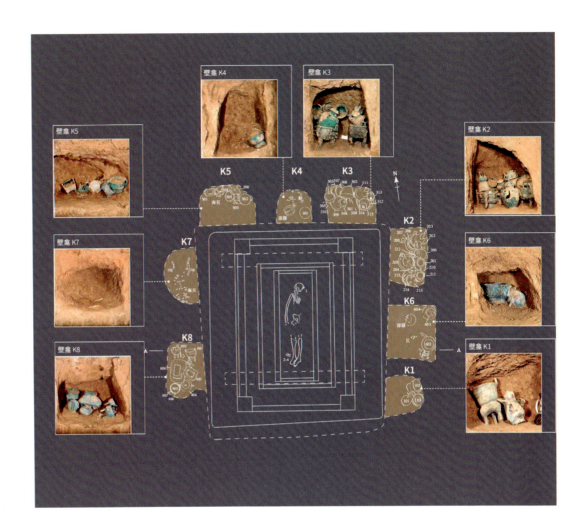

图2-52　石鼓山商周墓地M4平面图

图2-53 澄城刘家洼芮国遗址展示

东迁后贵族采邑发展为诸侯国的历史图景（图2-53）。为了更加生动地介绍古芮国相关的考古发现，除了展示七璜联珠组玉佩等珍贵文物外，展览还运用了丰富的展示手段。如通过漫画互动的形式解释周代木俑是如何发掘保存的，利用多媒体互动的形式给模特穿戴芮国遗址出土的各类女性首饰，利用多媒体使观众聆听钟磬合鸣的美妙乐章，通过手部模型和匜、盘的摆放关系说明"奉匜沃盥"的使用场景，借助科技考古研究展示最早的"男性护肤品"等，多感官多互动地帮助观众全面了解芮国遗址的文化内涵。展览准确传达出从墓地到区域文化、聚落形态和社会结构关系的"大遗址考古"理念，大量的实证遗物和资料多方面地厘清了芮国都邑遗址的内涵和分布格局，在周代封国研究方面取得了重大收获。

3. 第三单元"秦都与秦陵"

春秋初，秦人入关，曾居平阳，建雍城，后东迁栎阳，定都咸阳。考古揭示咸阳跨水设都，宫殿、府库及作坊布北塬，阿房起于渭水南，骊山等帝王陵为都城咸阳功能区之扩展，由此开创帝制时代都城陵墓格局之模板。

此单元着重介绍秦雍城及周边考古遗址，雍城是秦定都时间最长的都城，从德公元年（前677）至献公二年（前383），秦国在此建都长达近300年。正是在这里，秦国"益国十二，开地千里，遂霸西戎"。经过60余年持续考古工作，遗址总体布局基本探明。整个遗址由城址、秦公陵园、国人墓葬、郊外离宫建筑遗址、祭祀遗址等部分组成，总面积约51平方千米。城垣呈不规则的长方形，东西长约3300米，南北宽约3200米，周长约13000米，总面积近11平方千米。城市布局体现了"顺河而建，沿河定居"的设计理念，且有"城堑河濒"的城防理念。从最初布局于城区东南部，逐渐发展至整个城区的中部，最后形成以城墙环绕的完整秦雍城，体现了由小到大、由东向西、由结构单一到复杂的发展过程。这一发展过程，不仅反映了秦国的逐渐崛起和早期国力的强大，也显示出"包举宇内，囊括四海"的浩大气魄。

马家庄宗庙遗址，东西长160米、南北宽90米，由多座建筑组成。中轴线建筑由南向北依次为大门、中庭、朝寝及亭台；东西两侧对称配置厢房；四面有围墙环绕，形成全封闭的建筑群，是春秋中期秦国宗庙所在地，继承了商周宗庙制度，规模更为宏伟。

豆腐村制陶作坊，位于秦雍城城址区西部，面积约3.5万平方米（图2-54）。发现的遗迹有灰坑、晾坯场、水井和陶窑，出土文物有瓦当、板瓦、筒瓦等建筑材料及制陶工具。其中动物纹瓦当种类多，形象生动，富有特点，是战国早中期秦国制陶工艺水平的杰出代表。

雍城周边中小型秦墓，主要位于雍水河南侧，目前已发现1149座，发掘317座，发掘车马坑17座，出土各类器物3700余件（组），为研究雍城中小型秦墓的分布、

图2-54　豆腐村制陶作坊遗址展示（上）
图2-55　秦雍城周边中小型秦墓展示（下）

形制、葬俗及时代变化奠定了基础（图2-55）。秦雍城区域呈现单位遗迹的出土遗物组合，展示时特别注意遗物组合关系的对比，反映战国秦墓到秦王朝随葬品组合和特征的变化，表现早期秦文化与中原文化的融合。

秦居雍城期间先后有20位秦公执政。1976年至今，在雍水河南岸先后发现南指挥和三岔两个陵区14座陵园、21座高等级"中"字形墓葬及陪葬坑、祭祀坑、祔葬墓、墓地建筑、围沟等遗迹，是商周集中公墓制晚期阶段的典型代表。展厅中的展示案例为"秦公一号"大墓，主要展示了"秦公一号"大墓出土的石磬等文物，并借助多媒体手段介绍了大墓的形制、埋葬方式以及黄肠题凑等。

我国是华夏文明礼仪之邦。在各种祭祀礼仪中，祭礼为吉礼，为"五礼"之首，即"礼有五经，莫重于祭""国之大事，在祀与戎"。古代通过祭天礼仪以达成"与天滋润，强国富民"之祈愿。这一区域不仅展示了与秦人祭祀有关的玉器、玉人等，更通过雍山血池祭祀遗址这一填补了既往整个雍城遗址中郊外畤祭遗存空白的重要发现来充分解释秦汉时期的畤祭传统。其中，3D打印模型在视觉上还原车马祭祀坑，加深了观众对于秦汉祭祀现象的理解。这个展区从"透物见人"的角度展示出考古资料对于深化秦汉礼仪制度研究的重要学术价值。

秦咸阳城是在商鞅的主持下，秦孝公开始建设的秦国最后一座首都。秦咸阳城展区主要通过车马出行壁画、龙纹空心砖、夔龙纹大瓦当等实物，结合秦咸阳宫建筑过程复原动画、咸阳宫一号宫殿现存遗址及复原模型的方式，充分展示了咸阳城的宏伟形象，彰显了秦一统天下的气魄。此外，对于府库遗址发掘过程的介绍，说明了考古学研究的严谨，也反映出汉承秦制等关键历史信息。而秦咸阳城周边中小型秦墓年代与咸阳城年代相合，其中青釉蒜头壶等吴越、三晋、楚、巴蜀、北方草原等多元文化器物的出土则是秦王朝强大、统一的历史见证。

秦始皇帝陵占地面积约56平方千米，是我国古代规模最大、埋藏最丰富的帝陵之一（图2-56）。其中最引人注意的是反映了秦百官系统、中央集权体制的180余座陪葬坑。这些陪葬坑中有被称为"世界第八大奇迹"的兵马俑坑，出土了栩栩

图2-56　秦咸阳城周边陵墓与秦始皇帝陵展示

如生的青铜水禽的K0007坑，还有出土有石甲胄、石铠甲的K9801坑，出土文官俑的K0006坑，等等。在考古研究中，我们不仅要关注文物本身，更应关注其背后的生产过程、合作模式等相关信息。如在石铠甲展柜中，除了陈列铠甲成品外，还展示了临潼新丰石水井遗存出土的大量石甲片粗坯、半成品、废片、小石渣、砺石、残断的扁铜条、残铁锈块等，为复原大秦帝国石甲胄的制作和生产工序提供了翔实的实物资料。

4. 第四单元"汉长安城与周边陵墓"

公元前202年，刘邦打败项羽建立汉朝。在短暂定都洛阳后，西迁关中，在原秦长乐宫的基础上兴建长安城，这是继西周、秦之后，第三个定都西安的古代王朝。经过汉高祖之后近百年的营建，到汉武帝时，长安已变成了一座规

图2-57　汉长安城渭河桥遗址展示

模宏大、布局合理、宫室林立、设施齐全、繁荣开放的国际大都会，它与同时期西方的罗马城遥相呼应，分别成为东西方灿烂文明和伟大时代的代表。

从20世纪初开始的汉长安城的考古工作持续至今，目前城址布局、结构已经究明。汉长安城在空间布局上"览秦制、跨周法"，体现了中国古代都城由周秦的雏形阶段向隋唐成熟阶段的发展（图2-57）。汉长安城与西汉帝陵、周边中小型汉墓的考古工作，不但注重遗址自身功能结构的完整性，更着眼于都城与陵墓的宏观格局和社会体系研究，在中国古代都城、帝陵、墓葬考古学的理论方法方面发挥着引领作用。展馆内陈列的汉长安城、西汉帝陵、长安张安世家族墓地、神木大保当墓地等考古成果，再现了汉代大一统多民族的帝国风貌。

西汉11座帝陵，除文帝霸陵、宣帝杜陵分别位于长安城东南的白鹿原、杜东原以外，其余9座均位于渭河以北的咸阳原上，自西向东依次为茂陵、平陵、延陵、

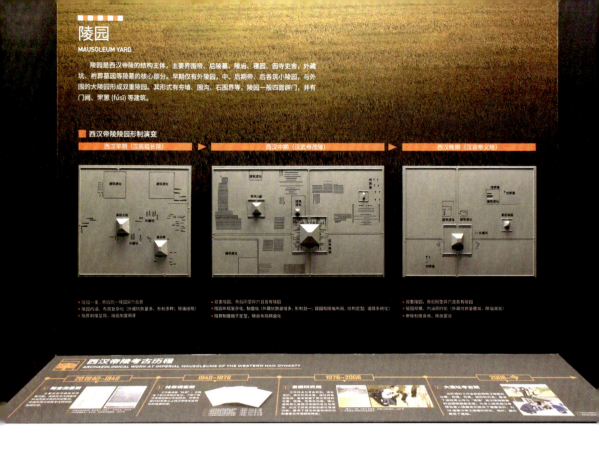

图2-58　西汉帝陵陵园形制演变

康陵、渭陵、义陵、安陵、长陵、阳陵。它们在黄土原上自东向西横亘百里，基本形成一条直线，陵丘累累，历历在目，被称为"中国的帝王谷"和"金字塔"。此外，还有"号墓为陵"的太上皇万年陵、薄太后南陵、赵婕妤云陵、许皇后的少陵、汉成帝半途而废的昌陵。多年来的汉陵考古工作，确定了西汉诸陵的准确名位，探明了遗址范围与布局，厘清了形制要素与发展演变规律（图2-58），有力地推动了西汉陵墓制度的学术研究与遗址保护、展示利用等工作，同时也为中国古代陵墓的考古学研究提供了参考与借鉴。

汉代陵墓的考古发现是展览重点之一（图2-59）。展览首先通过多种展示形

图2-59　两汉墓葬展示

式相结合的方式，介绍了对这些等级高、规模大、内涵丰富的"大遗址"开展考古工作的理念和思路，即全面调查和勘探了解陵园范围和布局，重点发掘、搞清楚遗址关键部位的结构，进而介绍考古学者怎样通过陵园布局、遗址内涵的变化，梳理出汉朝盛世的地下王国——帝王陵墓制度的发展轨迹，并通过模型及图版结合的形式明确且详细地叙述了西汉帝陵陵园形制演变的分期和结构。其次以贵族墓地及平民墓地的辅助说明，探索构建汉代社会的架构体系；以陵墓和都城分布的相对关系图，展示生与死的空间分布格局，揭示一个庞大都城圈多层位的社会生态。

图2-60　三国至隋代考古遗址展示

5. 第五单元"三国至隋代考古"

　　汉唐之间400余年，陕西经历了三国、西晋、十六国、北朝、隋代等十余个政权的更迭，战乱频仍，繁华湮灭，但尚有大夏统万城、隋大兴城等有迹可循。十六国至北朝时期，关中是匈奴、鲜卑、羯、氐、羌等少数民族内徙的主要聚居地，各民族交互杂居，相互碰撞，形成了民族大融合的局面，创造出具有浓厚民族特色的地域文化。

　　在咸阳洪渎原等地发现的大量高等级贵族墓葬及家族墓园，其独特的墓葬形制及陶俑、石棺床等特色鲜明的出土文物，展现了胡汉融合的文化面貌（图2-60）。

　　统万城是十六国时期匈奴族后裔赫连勃勃建立的大夏国都城。418年宫殿落成，427年被北魏攻陷，994年宋太宗下令毁城。统万城遗址地处毛乌素沙漠，由三合土（白黏土、黄沙、白灰）夯筑的城垣、马面等大部分留存至今；完整

图2-61　十六国西陵县侯夫人墓乐俑

的防御体系是我国古代城防工程的典范；祭祀遗址、东城夯土建筑基址、周边墓葬见证了这一沙漠都城的历史延续，最大的展示点是遗址本身，同时期的出土文物较少。在缺少展品的情况下，我们专门制作视频使观众能够在短时间内了解统万城的建造历史、考古发掘历程、研究成果等信息。

　　孝陵是北周武帝宇文邕与皇后阿史那氏的合葬陵，出土帝、后陵志，玉带，玉璧等随葬品。地面未见封土和建筑遗迹，地下部分为长斜坡墓道五天井单室土洞墓，全长68.4米，与同类北周大、中型墓葬形制基本相同。孝陵是目前唯一一座经过发掘的北周帝陵，填补了北周帝陵制度研究的空白。

　　十六国西陵县侯夫人墓规模较大，随葬品丰富且未被盗掘，随葬器物具有典型的十六国时期风格，出土的印章印文为"西陵县侯夫人"。墓中出土了一套完整的乐俑组合，这个时期的乐俑，最显著的特点就是十字发髻。乐俑席地而坐，神情专注地演奏乐器，所持乐器有笙、竖箜篌、手鼓、箫、筝、筑和阮咸等（图2-61），这是首次在关中十六国墓中发现竖箜篌的使用实例。

潼关税村隋墓是目前已发掘规模最大的隋代墓葬，墓道东、西、北三壁绘有壁画，保存较好，还出土 200 余件粉彩陶俑等随葬品和一具线刻画像石棺。作为陕西发掘的高等级隋墓代表，展览主要展示了代表墓主身份等级的陶俑阵列、壁画及石棺线刻画图解，带领观众探究墓主身份谜团。

这一展区还展示了隋代郁久闾可婆头墓门吏俑、酒神图驮囊陶骆驼及苏统师墓出土的透影白瓷杯等精彩文物。这些展品不仅反映了中西方文化元素的交流与融合，也彰显了当时高超的生产制作技艺。

6. 第六单元"唐长安城与周边陵墓"

隋唐两代是中国封建社会的鼎盛时期，也是陕西历史上的黄金时代。618 年，唐王朝建立，隋大兴城摇身一变成为大唐帝国的都城，并改名长安城。唐长安城、帝陵与周边墓葬是开放繁荣又等级森严的唐代社会缩影。唐长安城布局严谨、中轴对称，有成熟的里坊体系、庄严华丽的宫殿礼制建筑群，在世界都城史上具有里程碑式的地位。城市考古中大量墓葬的发现，帝陵"大遗址考古"的系统化探索，不但在陵墓制度研究上取得了重大收获，更为唐代历史文化研究积累了资料。发掘出土的金银器、陶瓷器、琉璃器、壁画等，生动还原出唐代社会图景，展现了万邦来朝的盛世气象。

唐朝立国 290 年间，先后有 20 位皇帝。除了第 19 位皇帝昭宗李晔的和陵位于今天的河南偃师、末代皇帝哀帝李柷的温陵位于山东菏泽以外，其余 18 位皇帝的陵墓都以长安为中心，呈扇面状分布于关中渭河北岸的平原和山梁上，称作"关中唐十八陵"。这些帝陵的共同特征是坐北朝南，分为因山为陵和积土为冢两大类，其严格的制度、严谨的布局、完整的结构、宏大的规模，集中体现出大唐王朝的恢宏气魄，为世界陵墓史上的奇观，也对后世的帝陵制度产生了深远的影响。

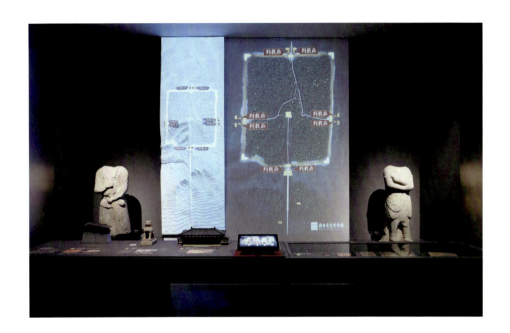

图2-62　唐代帝陵陵园形制演变

　　唐陵"大遗址考古"工作是对关中唐十八陵及永康陵、兴宁陵、顺陵等 21 座陵园的全面调查、勘探、测绘和对部分陵园建筑遗址的发掘。唐代帝陵以北朝和隋代陵墓为基础，兼采南朝陵墓的一些特点，将秦汉以来的陵寝制度发扬光大，并推向了一个新的高峰，这一时期是中国古代陵墓制度的重要发展时期。唐代帝陵是唐代物质文化的重要载体，反映了唐代的思想文化和最高丧葬礼仪。展线上通过图版说明辅以多媒体互动和模型的方式，从多维度来介绍唐代帝陵陵园形制演变以及"乾陵模式"（图 2-62）。

图2-63　唐代帝陵及长安城周边墓葬展示

　　唐陵和唐长安城周边，是唐代墓葬分布的两个主要区域。渭水北岸的唐十八陵周边，分布着皇亲功臣的陪葬陵墓。围绕长安城的高敞台原，既是显赫门阀家族的茔地，也是长安平民聚葬之所。除帝陵外，唐长安城周边墓葬也对长安城和唐代社会研究具有重要作用（图2-63）。在大规模农田水利和城市基本建设中，汉唐墓葬的考古发现蔚为壮观。其研究从墓葬本体拓展为关注丧、葬、祭的完整体系，并形成唐代艺术、宗教、建筑、金银器、陶瓷及中外文化交流史等多个学术研究分野。唐长安城周边墓葬通过隋丰宁公主唐韦圆照夫妇墓出土的瓷器、唐李晦夫妇墓出土的三彩俑、唐昭容上官氏墓和唐元大谦罗婉顺夫妇墓的墓志及唐节愍太子墓、李邕墓、窦家村唐墓、李孝则墓和杜华墓等墓葬出土的不同等级随葬器物，以及多媒体及互动配合充分总结说明唐代墓葬制度和森严的社会等级制度，构建出较为完整的唐代社会的架构体系，并揭示了长安都城圈多层位的社会生态图景。

7. 第七单元"宋元墓葬与耀州窑瓷业"

唐代以后，因首都东移南迁导致国家政治中心向东南转移，陕西告别了长期拥有帝都的历史。长安往昔繁华不复，但由于关中仍属扼控西北的经济军事重地，长期担负着维系西北、西南地区稳定，保障中原安全的重任，始终受到建都东部的宋、元、明、清各朝统治者的极大重视。宋元时期，长安周边大型墓葬急剧减少，完整墓园更属罕见。陕西宋元墓葬的考古发现，印证着北宋关学礼俗的风靡、士大夫的文人雅趣、元代蒙汉威仪的杂糅。北宋吕氏家族墓、元代刘黑马家族墓是关中士大夫墓葬的典型代表。前者随葬精致的茶酒供奉之器，后者以仪仗俑群为主。从北宋士人之雅到元代世侯之威，政治环境、社会礼俗变化生动呈现。耀州窑遗址作为陕西手工业考古的代表，完整地复原了青瓷名窑的历史，其从创烧到衰落的历程，映射着长安从帝国都城到西北重镇政治地位的嬗变，也是中国古代经济重心由北而南逐渐转移的写照。

吕氏家族成员众多，从北宋最高权力阶层到中下级官吏都有任职。他们既参与北宋朝廷的重大政治事件，又在北宋乡县等最基层单位有具体作为。他们具有强烈的责任心与忧患意识，以天下兴亡为己任，其中兼有政治家、诗词家、书画家、经学家等，不仅促进了当时社会思想文化的发展，也为后世留下了经典著作。

吕氏家族墓区域展线按照随葬品功用进行分类展示（图2-64），用途涉及餐具、酒具、茶具、香具、文房用具、闺阁用具、佛事用具、礼器、日常杂器等9个不同的生活领域，物品质地包括瓷、陶、石、金、银、铜、铁、锡、贝、漆木等10种材料。特别是瓷器，不但数量多，而且器形种类繁多，整体保存良好，品相与工艺堪称上

图2-64　北宋吕氏家族墓园随葬品分类展示（上）

图2-65　北宋吕氏家族墓园展示氛围（下）

图2-66　元刘黑马家族墓园展示

流。本单元以宋词、宋画营造展示氛围，展品疏密有致，呈现宋元时期风雅的社会习俗（图2-65）。

元刘黑马家族墓地埋葬有刘黑马、刘元振、刘天杰等三代成员，共发现12座排列有序的墓葬，出土多件随葬灰黑色仪仗陶俑及仓、灶等模型明器，还有仿《三礼图》图绘造型的簋、簠及炉、烛台等供奉礼器和茶酒祭器（图2-66）。

耀州窑遗址是唯一一个自成单元的手工业遗址考古展区。陶瓷手工业考古的方法，是田野考古的基本理论与中国陶瓷史研究方式的结合，注重个体的工艺特征和整个产业体系的研究。耀州窑遗址作为一处遗存丰富、博大精深的古陶瓷文化遗址，其庐山真面目湮没于黄土残垣之下达数百年之久，长期不为世人所知。20世纪50年代以来，考古工作者对遗址进行了数次调查和考古发掘，共揭露遗址面积累计数万平方米，清理出唐至清7个历史时期的制瓷作坊和焙烧窑炉各逾百座，出土文物标本逾300万件（片），其中完整和可复原的达数万件。其发掘规模之大，延续时间之久，出土文物数量之多，遗址保存之完好，序列之完整，文化内涵之丰富，举

图2-67　触摸瓷器釉面、胎土与器底足辨识（组图）

图2-68　耀州窑瓷业：唐至元瓷片装饰及纹样标本展示

世瞩目。耀州窑遗址展区从唐代创烧到明代停烧，按照时间顺序记录了耀州窑的窑炉特点、工艺体系、产品风貌、海内外销售等信息，展示出耀州窑产品的特征和发展轨迹。为了引导观众从考古研究者的视角理解文物信息，展览中设置了观胎、看底、触摸釉面的互动装置（图2-67），让观众切身体会各时代产品制作和装饰工艺的差异。以大空间展示窑址标本实物组合（图2-68），并以五代、宋、金三个时代的纪年墓葬遗物（图2-69）佐证窑址产品断代的科学性。设置多媒体展项"青瓷的历程"，利用触摸屏引导观众细致观察瓷器布局放大照片、装饰纹样标本，展现各时代不同的釉色之美、花纹之美，带领观众一起发现、一起"考古"，沉浸于耀州窑工艺之美的探索。

图2-69　五代、宋、金时期纪年墓耀州窑瓷器展示

8. 第八单元"考古人：连接古今的时光摆渡人"

　　"考古发现篇"结尾处主要有以下几个部分，以国家文物局《田野考古工作规程》为参考，制作了《时光摆渡人》影片展示考古人的工作日常，引导观众真正理解考古工作的意义与价值（图2-70）。通过"考古视频连线"的方式，让观众直接看到考古现场，体会考古日常的平淡和辛苦。以"考古公开课"的方式，邀请考古学者录制视频影像为观众讲解最感兴趣的考古话题。最后，以"考古人照片墙"展示考古工作者的精神面貌和靓丽风采。

《时光摆渡人》视频解说词

　　每一个探方的发掘，每一寸泥土的解剖，每一把手铲的延伸，都是对历史、对文化的温情与敬意。考古者，是过去与现在的时光摆渡人。

图2-70　"考古人"展示区域和尾厅区域（组图）

　　陕西省考古研究院的苗队长如同往常一样，早上起床，收拾好资料，和队友们边吃早餐边讨论今天的工作重点。

　　西安作为十三朝古都，除了北郊以外，东、西、南三个方位都有大量古代墓葬。陕西省考古研究院承担着这些墓葬的考古调查、勘探、发掘和研究任务。

　　这里是位于西郊的陈家寨墓地。此地点正在建设小学，为了赶上明年的秋招，苗队长和他的队友们正在加紧工作，按照考古工作规范发掘隋唐时期的遗存。

　　田野发掘是考古研究的基础，精准规范的技术操作，需要扎实的理论学习和长期的经验积累。从刮面找轮廓，到清理壁面找边，遗迹从平面轮廓到立体呈现，细节在不断呈现，历史的场景在活化。从田野调查到室内整理，最后完成考古报告，这是考古的基本内容，文物修复、绘图照相、分析撰写，每一个环节都需要一丝不苟。考古人在田野与文献间行走，在现代与古代穿梭，小到一个灰坑，大到一个城址，用古人的思维迫近历史的真实，考古工作辛苦、琐碎甚至枯燥，需要足够的细心和耐心。

　　考古的日子很平淡，但在陈队长的月登阁考古工地，想不到一座唐代宦官砖砌墓保存得如此之好，令大家十分惊喜，多日来的辛苦有了回报。

　　考古工作是"手铲释天书"，不知道在下一页会读到什么，它的魅力也正在于此。此时此刻的西安南郊，考古院的孙院长正在李队长发掘的商代民居考古现场协助发掘工作。地层是历史的年轮。考古地层很多时候不是平层，起伏不定的线条如风云多变的历史，或激越跌宕，或沉寂平淡。也正是依托考古院领导与专家技术团队的支撑，在20万平方千米的三秦大地上，才诞生了一个个考古传奇。

　　苗队长的考古队，（在贺家村）发掘出了一座精彩完整的唐代壁画墓。公开资料认为，该墓当属唐长安城西郊发现的最早壁画墓。由于该墓壁画部分内容同期少见，分布位置特殊，今天苗队长特意请到了考古院的两位考古和文保专家来现场指导。陕西省考古研究院每年派出数十个考古队到全省作业，他们的背后是雄厚的科研力量支撑，历史考古、文物保护、科技分析多学科交叉融合正是依托这样的专业技术队伍。

在贺家村 30 千米外的西安东郊水沟村，陈队长负责的考古工地发现同一时期的壁画墓穴。考古遗迹现场常常需要"会诊"，会召集各方专家，综合研判，必要时进行科技检测，帮助判断，即所谓"多学科考古""科技考古"。同样有着壁画墓经验的苗队长和朱队长也被邀请来共同探讨。

朱队长赶回自己的考古队已是傍晚。她是考古院为数不多的女队长，她队里成员也是以女性为主。这支巾帼不让须眉的考古队伍在文保修复方面颇有建树。

文保修复室里，巧手良医的修复从"找茬"开始。发掘时要靠体力，拼接时靠眼力和脑力，凭记忆和经验，找到茬口对应的碎片。

也许从某种意义上说，考古人就像时光的摆渡人、守护人，冰冷的文物在挖掘、清理、修复的过程中穿越了时间的温度。每一处遗迹、每一尊文物从平面轮廓到立体呈现，历史的细节也逐渐丰满。

夜幕降临，十一月的西安天气渐冷，考古人一天的工作接近尾声。远离城市，远离家人，队员们相处的日子多于家人。考古队成为另一个大家庭。

陕西几代考古学人薪火相传，踏遍渭水两岸，汗洒黄土高原、秦巴山地，像苗队长和朱队长这样的考古队长只是万千考古者中的一分子，他们风餐露宿，坚持不懈，将无数个平凡的日子连缀成了不平凡的历史画卷。从古文明到新时代，考古工作者在历史的长河中，以手铲为桨，以地层为浪，用青春、热情、责任和信念，践行着对文化遗产事业的忠诚，他们用智慧解答着历史与时代交融的命题，将文物遗迹演变成了现代城市的一份靓丽的身份证明。

地表之下，是沉睡千年的文物遗址；遗址之上，是生生不息的人类生活。

一把手铲，连接古今，将文明发展的历史娓娓道来；筚路蓝缕，载驰载驱，他们坚信把自己所承担的工作做到最好的时候，这个时代注定是个伟大的时代！

（五）"文保科技篇"——让过去拥有未来

文物保护是考古工作中极为重要的一部分，文物保护科学是考古博物馆的另一个重要展示内容。在文保人员的手下，时间开始倒流，碎片凝聚成整体，色彩重新绚丽。匠心良工，存古永宝。在陕西省考古研究院60余年的发展中，文物保护全程介入考古发掘工作，并与科技考古、传统考古统筹联动，通过现场科学调查、应急保护处理、实验室微观发掘等技术方法，提高了脆弱文物的保存率，扩大了考古信息的获取量，拓展了考古学研究的广度和深度。

"文保科技篇"主要包括陕西文物保护工作发展阶段、陶瓷器保护修复与制作工艺研究、青铜器保护修复与科学研究、实验室微观发掘、壁画的保护修复与研究、法门寺出土纺织品文物的保护修复、北方出土漆器的保护与复原研究等7个单元，展示了近年来陕西文物保护事业取得的长足发展，文物保护技术和理念的进步，科技手段在考古发掘和研究中的应用及重要成果。

展厅首先展示的是一个考古现场文物保护移动实验室等比例缩小后的剖面模型（图2-71）。它是陕西省考古研究院牵头承担的国家重点研发项目"文物出土现场应急保护技术体系研究"的产物。实验室融合了北斗导航、5G通信、人工智能等新兴技术，可以第一时间对出土文物采取应急保护措施，保障考古工作顺利进行。

图2-71　考古现场文物保护移动实验室微缩模型

1. 第一单元"知微见著　吉金重光"

　　青铜器是中国古代文明的代表性器物，对研究古代社会的物质文化及精神文明具有重要意义。青铜器的保护修复是以不同学科分析为基础，通过技术手段消除或抑制病害发展，揭示制作工艺及使用信息，进而达到满足考古研究、陈列展示和长期保存需要的目的。在青铜器的保护修复和科学研究展区，展览首先用物理互动的方式介绍了青铜器常见的病害。其次借由鎏金铜熏炉（图2-72）等文物和修复工具相对照的方式说明青铜器发掘现场及实验室保护中清理、整形、补配、随色等修复流程（图2-73），接着通过青铜水禽等文物（图2-74）说明青铜器保护中对于制作工艺、装饰工艺的研究。最后通过汉代青铜壶及其残留液体等对照展示介绍对青铜器内容物的科学研究。

图2-72 青铜器保护修复对比展示—鎏金铜熏炉

图2-73　青铜器实验室保护修复流程（上）

图2-74　秦青铜水禽展示（下）

图2-75　唐李倕冠饰及服装配饰复原

2. 第二单元"辨迹寻踪　风华再现"

　　实验室微观发掘是在实验室对整体提取的文物遗迹进行精细的发掘清理，是田野考古的延续与补充。与田野考古相比，实验室微观发掘更注重利用多种科技手段，在可控的时间、空间内，对遗迹遗物进行及时的保护处理，同时最大限度地捕捉、记录各种可视、微观信息，实现考古资料保留的最大化。展区以李倕冠饰为例，依托实物材料和保护过程的说明图版，辅以互动拍照、文物细节鉴赏等多媒体设施，向观众生动说明实验室微观发掘的相关理念与成果。李倕冠饰是国内第一个通过实验室微观发掘科学复原的冠饰，经过科学保护与修复后，以全新的面貌整体展示（图2-75）。

图2-76 "固彩缮器 形神依旧"：彩绘陶器展示

3. 第三单元"固彩缮器 形神依旧"

　　古代陶瓷器品类繁多，内涵广博，体现了不同历史时期的社会文化、经济、艺术和科技水平。陶瓷器是考古出土器物之大宗，病害复杂多样，保护修复任务繁重。在陶瓷器的保护修复与制作工艺研究展区（图2-76），展览首先介绍了以西汉彩绘陶俑为例的考古现场保护，接着借由天王俑（图2-77）、镇墓兽等重点文物的修复说明陶瓷器保护修复的工作流程，最后同样落点到保护修复过程中对于制作工艺、使用痕迹等信息的分析研究。总的来说，不论是考古现场还是实验室，科技手段的运用不仅有助于恢复陶瓷器的原有面貌，而且也有利于增加对古代陶瓷器的科学认知。

1. 修复前

2. 拼对、粘接

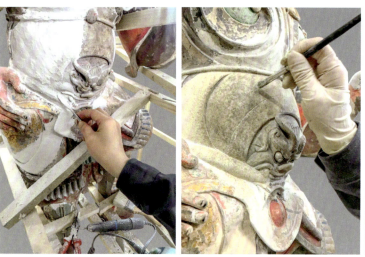

3. 补缺、塑型

4. 随色

5. 修复后

图2-77　窦家村唐墓彩绘陶天王俑修复过程

4. 第四单元"脱胎换骨　真颜永驻"

陕西地区考古出土的壁画时代序列完整、数量多、级别高，尤以汉唐墓葬壁画为甚。墓葬壁画的题材广泛，内容丰富，反映了当时社会的政治、经济、艺术、宗教等诸多方面，研究价值极高。但壁画因材质、工艺的复杂性和对环境变化的敏感性，一直以来都是文物保护的重难点。

展览首先介绍了壁画中常见的病害，并通过不同时期保护修复的壁画以实例对比展示出陕西壁画保护修复的发展进步。接着通过多媒体视频短片和图版等方式，说明了壁画保护搬迁流程和保护修复流程。最后展览将重点放在了蒲城洞耳壁画墓的整体搬迁保护工作的展示上。

这是一座发掘于 20 世纪末，距今已 700 多年的元朝壁画墓。展览使用图版、多媒体、模型等方式说明壁画墓搬迁保护的流程和基本情况，更是采用特制钢架、异形低反射玻璃等将壁画墓整体抬升呈现给观众，既满足观众参观需求，又排除了裸展风险。观众站于其下仰观壁画，就如同置身于原墓室之中，壁画之精美，展示之完整，让每一位参观者都深受震撼（图 2-78）。这一震撼效果的实现，仰赖于陕西日新月异的文保技术——墓葬整体从百公里之外的蒲城县洞耳村搬迁至展馆，壁画在重见天日后依旧保持鲜亮，且不用担心周边环境的变化带来的影响。

5. 第五单元"织锦缀绣　华裳复展"

纺织品一般在干燥或者饱水环境下才能得到较好的保存，陕西等半干半湿地出土的纺织品多以痕迹形式存在。法门寺地宫出土的纺织品等级高、种类多、工艺精湛，代表了唐代丝织业的最高水平。但部分纺织品糟朽粘连严重，需要通过科学有效的技术手段才能展现出它的形制、纹饰。展示以法门寺衣物包块（T68）保护为实例，包块中的衣服严重降解、相互粘连，层层黏结的纺织品很难再次分离。但尽管如此，文物保护工作者还是从中揭取出了泥银菱纹罗长裤等 7 件衣物（图 2-79）。

图2-78　蒲城洞耳壁画墓展示

图2-79　法门寺纺织品展示（上）

图2-80　纺织文物保护修复流程（下）

借助法门寺地宫出土文物，展览介绍了纺织品常见病害、纺织品文物保护修复流程（图2-80）、纺织工艺复原流程等信息，生动说明了科学手段在保护研究纺织品形制、纹饰、华彩等方面的重要作用。

6. 第六单元"存形留痕　漆韵长存"

中国是漆器的发源地，对日本、韩国等国家的漆器都产生了重要影响。中国漆工艺滥觞于8000年前，历经战国至秦汉的辉煌、宋元的鼎盛和明清的绚丽，留下了大量工艺精湛的髹饰珍品。俗话说"干千年，湿万年，不干不湿就半年"，与南方潮湿地区出土的漆器不同，以陕西关中为代表的北方地区，漆器出土时，多数胎体已经朽蚀殆尽，能够完整保存下来的器物极少，仅有残存漆膜依附于土体之上。出土漆膜随着水分散失，短时间内由平整变为四角起翘，直到完全脱离土体。

针对这样的病害，陕西省考古研究院总结出了出土漆器的保护流程：现场微环境控制、表面清理、保湿、提取。2011年，在对张安世家族墓发掘过程中，发现11件编织盛器和1件彩绘漆箱，这在北方地区是极其少见的。文物保护第一时间介入，实现了有效保护。不仅展示了漆箱出土时的原状，还展示了通过科学技术手段复制的漆箱复制品（图2-81），一旧一新，使观众更直观地感受到文保修复的意义。

展厅在入口设置了影片《历史留给我们的是……》（图2-82），通过分屏播放与四屏联动相结合的形式，以三维动画演绎四种文物由原始完整状态，历经千年岁月演变，直至考古出土时状态的变化，带领观众走进考古工作一线，亲眼见证特殊历史时刻。展厅结尾设置了影片《我们留给历史的是……》（图2-83），经过文物保护修复与研究，考古人与文保人从残损破败的遗迹、遗物中提取到了古代物质、文化发展方面的相关信息，以三维动画震撼演绎6件文物重获新生的过程。前后两组影片首尾呼应，带领观众感受考古工作的细致和艰辛。

最后，再次升华展示主题，"保护文物、功在当代、利在千秋""让过去拥有未来"（图2-84），让公众产生观展情感共鸣，理解考古学研究与文物保护的价值与意义。

图2-81　张安世家族墓漆箱出土现场与漆箱复制品（组图）（上）

图2-82　四屏联动影片《历史留给我们的是……》（下）

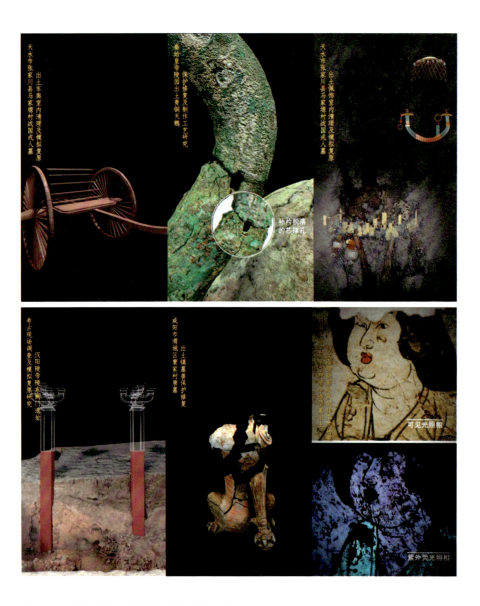

图2-83　六屏联动影片《我们留给历史的是……》

图2-84 "文保科技篇"尾厅

三、空间分布

　　陕西考古博物馆的展陈内容专业度较高，信息广度较大，展品数量繁多。如何消除密集陈列与大信息量带给观众的疲劳感，持续吸引观众的注意力，成为展览设计需要考虑的一个难题。

　　依据建筑结构、展览内容和展品分布，室内展区展览整体采用开放型空间规划与非线性参观流线，突出展示重点和亮点。在整体设计上做"轻"处理，"文化谱系篇"以不同程度的蓝为基础色，空间疏朗，视觉清晰；"考古发现篇"创新使用浅灰色金属质感的墙板与部分镜面不锈钢，以简洁的设计将空间消隐淡化。"文保科技篇"

有大体量、整体搬迁的壁画墓，最大化利用挑高空间，抬高展品便于整体观览。各单元根据展示主题和展品材质、色彩的不同，打造开放多元的特色空间。

展厅采用开放性的参观流线设置，无隔墙阻挡，利用考古探方与考古标尺呼应，切分空间团块，引导观展流线（图2-85至图2-89）。探方是田野考古工作的基本工作单位，在展厅内利用探方形态、规矩的平面网格对空间进行均质化的分割（图2-90）。根据叙事场景的需求，均质方格融合消解或者细分变异，形成基本内容布局形态，在此基础上，根据考古文化层的地层特征将内容信息拆分为三个水平层，进而生成基本的展览空间。观众可以选择交错、回溯或重叠的非线性路径浏览展览内容，发现更多富有个体化经历和情感体验的观展模式。双线并置或回溯重叠的灵活观展模式，能够满足不同层次观众的参观诉求，提供不同的探索体验。

通过氛围营造、场景装置、造型立面等元素，烘托各展厅、各单元的展示主题。在不同展区作局部跳色处理，一方面，通过饱和度较高的色彩变化，提升有限空间的活跃度；另一方面，设定适合不同内容、主题阐释的色彩，也能起到提示展区和主题的作用。

"考古历程篇"重点展示考古学史，整体采用浅黄色调，适配档案资料的展示氛围，利用龛柜、台面柜展示书稿、手记等，实现近距离观展，提供给观众全新的观展体验。

"文化谱系篇"选用清新淡雅的蓝、白色调，传递信息分层展示，体现考古勾勒时空框架的线条感和科学性。

"考古发现篇"的史前商周板块，选用科技感十足的蔚蓝；秦都与秦陵板块，选用热烈亮眼的绛红；汉、三国至隋代板块，选用活力欢欣的橙黄；唐长安城与周边陵墓板块，选用更显典雅的胭脂红；制瓷手工业考古板块，则选用淡雅内敛的棕绿，既能有效区分展示内容，又能缓解公众观展疲劳，调动观展情绪。

各展厅依据单元叙事逻辑，以考古史、考古项目为串联线索，结合典型器

平面布局

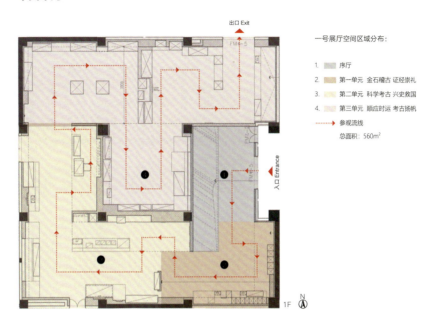

一号展厅空间区域分布：

1. 序厅
2. 第一单元　金石稽古　证经崇礼
3. 第二单元　科学考古　兴史救国
4. 第三单元　顺应时运　考古扬帆

···· 参观流线

总面积：560m²

轴测图

图2-85　"考古历程篇"平面空间分布图、参观流线和展厅轴测图

平面布局

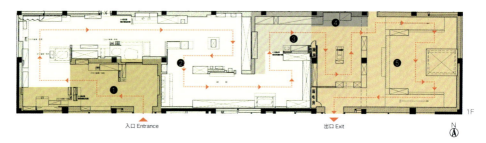

二号展厅空间区域分布：

1. 第一单元 旧石器时代
2. 第二单元 新石器时代
3. 第三单元 夏商时期
4. 第四单元 先周文化
5. 第五单元 周原膴膴

…▶ 参观流线

总面积：1080m²

轴测图

图2-86　"文化谱系篇"平面空间分布图、参观流线和展厅轴测图

平面布局

1.2 周代王都与采邑

1.1 史前都邑与聚落

入口 ENTER　　　　出口 EXIT

2.1 秦都与秦陵

2.2 汉长安城与周边陵墓

2.3 三国至隋代考古

2.4 唐长安城与周边陵墓

平面布局

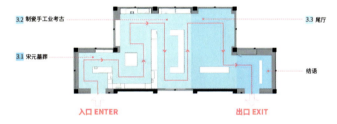

3.2 制瓷手工业考古　　　　　　3.3 尾厅

3.1 宋元墓葬　　　　　　　结语

入口 ENTER　　　　出口 EXIT

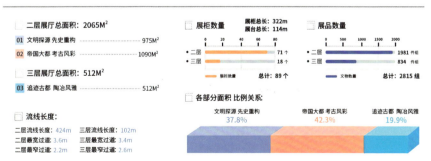

图2-87　"考古发现篇"平面空间分布、参观流线

轴测图

2F 展厅

轴测图

3F 展厅

图2-88　"考古发现篇"展厅轴测图

平面布局

总面积：708㎡
序厅：75㎡
移动实验室：52㎡
青铜器：87㎡
陶瓷器：74㎡
实验室：36㎡
壁画：139㎡+61㎡
纺织品：77㎡
漆器：50㎡
尾厅：57㎡
总流线长：178m

文保厅文物展示清单：91件/组
辅助实物展品清单：51件/组

参观流线

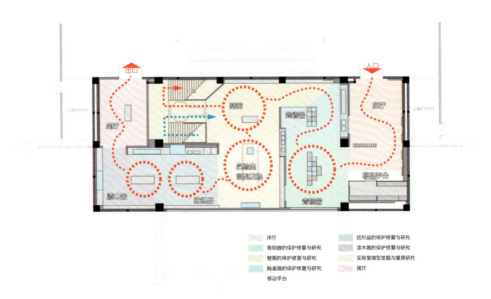

图2-89 "文保科技篇"平面布局和参观流线

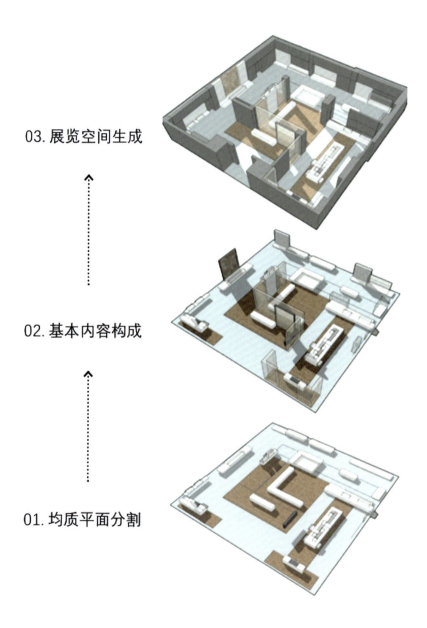

03. 展览空间生成

02. 基本内容构成

01. 均质平面分割

图2-90　展览空间生成

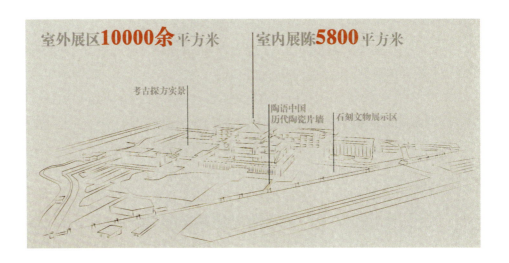

图2-91 室外展示区图示

物组合与各类辅助展项形成高语境状态的"信息传输团块效应",展示空间与内容高度融合,层次分明,主题明确,文物与展板信息联系密切,释读角度多样。

室外展示区充分利用馆区唐风园林式的建筑格局,在博物馆主楼周边设置四处陈列点位,分别为考古桥、田野考古展示区、陶瓷片展示区、石刻文物展示区(图2-91)。

考古桥位于博物馆主楼正对面,在下沉式庭院上部桥体地面,镌刻出陕西考古最具代表性的24个重要事件或考古发现,串联起陕西考古的时空脉络,连接博物馆正门与主楼。

石刻文物展示区位于博物馆东侧,展示秦陵石刻,汉唐墓葬发现的石羊、翁仲、墓经幢、墓门等石刻文物。该区域将石雕、石刻类文物与景观游览路线布置相结合,使文物展示与园林景观融为一体。

陶瓷片展示区主题为"陶语中国　一眼千年"，将陕西前仰韶时代至明清各时期发掘的大量无法修复的典型陶瓷器口沿、底部、器身等标本平铺于展示框内。每个时期的陶瓷器用说明文字标示出时代、典型器物特征、典型遗址介绍等信息。让参观者透过这些陶瓷残片，直观地了解中国古代不同时期的陶瓷器物种类、典型器物特征、陕西地区的重点遗址等信息，用这些静态的陶瓷器残片述说中华五千年文明不断裂的发展历程。

田野考古展示区位于博物馆主楼西侧，定位为公众考古科普区。区域内设置 10 米 ×10 米的探方，向公众展示田野考古的基本工作单位。部分探方将真实发掘的灰坑、房址及其之间的叠压打破关系予以复原展示，让观者身临其境，近距离感受考古发掘现场，勾勒还原田野考古发掘过程，增加公众对考古学方法的认知。展示区内有 7 个青铜人物雕塑，分别模拟发掘过程中的绘图、刮面、照相和使用探铲勘探的工作场景，静态展示考古人的日常田野工作状态。探方周围有陕西发掘的历代陶砖砌筑展示，配以各时代陶砖烧制工艺、特征及用途的简介；另有近年来发掘的秦代水井、汉代车辙路面、明代卵石散水等不适宜在室内展示的搬迁遗迹，覆盖透明钢化玻璃罩，配以辅助说明文字。对考古发掘的各类遗迹、大量古代墓砖加以活化利用，最大限度地向社会公众展示考古遗存，让观众更好地读懂文物、读懂考古。

注释

（1）陕西考古博物馆项目陈列展览及装饰装修设计施工一体化工程共分三个标段。一标段由苏州金螳螂文化发展股份有限公司负责，范围包括总序厅、"考古历程篇"（1号展厅）、"文化谱系篇"（2号展厅）、标本观摩厅（6号展厅）、博物馆主体建筑公共区域，施工面积约5137平方米；二标段由广东省集美设计工程有限公司负责，范围包括"考古发现篇"（3号展厅、4号展厅），施工面积约2522平方米；三标段由浙江世贸装饰股份有限公司负责，范围包括"文保科技篇"（5号展厅）、临展厅，施工面积约1281平方米。

考古聖地　華章陝西

Archaeological Holy Land
Magnificent Shaanxi

　　建设陕西考古博物馆的构想一经提出，就备受争议和质疑，争论的焦点有以下几个方面：一是考古博物馆与历史博物馆是否存在重复建设和业务重叠？二是考古博物馆的建设是否影响考古资源的合理有效配置？三是考古博物馆的建设是否会出现同质化现象，导致"千馆一面"？面对多方疑问，策展团队在陈列大纲编写、展品选择和展览形式设计等方面花费了大量的心思，也做出了大量的努力。展览表达始终基于考古学科专题博物馆的定位，使大众认识考古学、理解考古学的研究内容和成果，架构起考古与大众之间坚实的桥梁。

一、团队组建和项目推进

　　本展览策展主体是陕西省考古研究院，上级指导单位为陕西省文物局。作为以考古调查、勘探、发掘和研究为主的业务单位，虽然此前院内人员也陆续做过一些小规模的陈列展示项目，但作为业主单位从零建设博物馆到全面主持大型陈列展览却是一场全新的挑战。

图3-1　陕西省发展和改革委员会批复《关于报送陕西考古博物馆可行性研究报告的请示》（2017年9月）

作为总策划和具体实施主体，陕西省文物局和陕西省考古研究院高度重视陈列展览工作，院长孙周勇亲自挂帅，担任总策展人；副院长王小蒙担任执行策展人，考古博物馆管理办公室人员负责展陈项目的具体沟通、策划与实施；策展团队骨干为史前、商周、秦汉、隋唐、文保、科技等研究室主任、副主任；各重要考古项目负责人（考古领队）根据展陈实施进度随时加入。可谓精兵强将齐上阵，各显神通添助力。

2013年3月，陕西考古博物馆建设项目获得陕西省发展和改革委员会关于项目建议书的批复，同意立项，陕西省考古研究院着手编制可行性研究报告。2017年9月，陕西省发展和改革委员会批复《关于报送陕西考古博物馆可行性研究报告的请示》，同意建设陕西考古博物馆（图3-1）。2018年8月，《陕西考古博物馆建筑设计方案》召开专家论证会。2019 年 5 月，陕西省发展和改革委员会批复同意《陕西考古博物馆初步设计概算方案》。2019 年 9 月 8 日，陕西考古博物馆正式开工建设。2021 年 12 月，完成博物馆楼主体建设。

　　陈列大纲编制工作于 2019 年 6 月正式启动，陕西考古博物馆筹建领导小组召开大纲编制专家咨询会，按照献礼中国考古百年的时间节点，倒排工作计划，逐步推进。总的进度为：2020 年 5 月，完成陈列大纲初稿，通过专家评审会。2020 年 8 月，完成展陈概念方案评审；同年，在展陈概念方案评审基础上，多次召开专家讨论会，持续优化陈列框架和方案。2021 年 3 月 31 日，项目推进至设计施工制作单位招标。随后，向中标的苏州金螳螂文化发展股份有限公司、广东省集美设计工程有限公司、浙江世贸装饰股份有限公司发出中标通知书。2021 年 5 月，施工制作单位开始深化版式设计，展厅开始基础装修施工。因陕西省考古研究院缺乏举办大型展览从设计到落地的实践经验，在展览形式设计深化阶段，专门借调了汉景帝阳陵博物院陈列研究部的胡小玉，负责展陈空间、形式设计、照明等内容的审核与确定。2021 年 12 月，完成陈列版式深化设计修改、布展图、重点展项制作、数字多媒体项目内容制作。2022 年 1 月，完成数字多媒体展项专家评审。2022 年 3 月，完成文物运输、现场布展施工；布展期间，陕西历史博物馆陈列展览部董理担当艺术总监，保证整个项目按期完成。2022 年 4 月，完成开幕式准备、专场讲解等各项工作；4 月 16 日举办开幕仪式；4 月 28 日，面向社会公众试行开放，圆满完成筹展任务。

　　陕西考古博物馆的文物展品 99% 以上为考古发掘工作完成后的出土品，大部分在陕西省考古研究院泾渭基地库房存放，剩余部分则分散于省内 13 个考古工作站（基地）。考古博物馆文物展品的集中挑选、运输工作于 2020 年 11 月启动。由于陕西考古博物馆区的库房建设未完成，所有拟上展文物先集中运至泾渭基地，并进行展览前的文物拍照、测量、修复等工作。展品的选取由文物保管部组织各研究部室协同完成。上展文物的清理、保护修复等由文物保护研究部根据年度工作计划和安排，集中时段进行，确保布展工作顺利完成。2020 年主要完成"文化谱系篇"展厅内史前遗址的展品集中。2021 年主要完成"考古发现篇"的"大遗址"项目、"文保科技篇"、"考古历程篇"等展厅内的展品集中。在此过程中，我们还向中国社会科学院考古研究所、陕西历史博物馆、西安碑林博物馆、西北大学文化遗产学院、宝鸡市考古研究所、城固县博物馆等商借了部分标本及藏品。2022 年 3 月起，将陕西考古博物馆临展厅暂时作为基本陈列展品库房，文物保管部协同文物运输公司将泾渭基地文物集中至此。3 月 11 日，陕西考古博物馆基本陈列布展工作正式开始，4 月 15 日全部完成。

二、陈列大纲数易其稿

　　陕西考古博物馆是一座完全新建的博物馆。自 2013 年陕西省发展和改革委员会批复同意陕西考古博物馆建设项目以来，从可行性研究报告批复、建筑设计与施工，再到基本陈列大纲编写、展陈内容设计深化、展览落地，近十年的时间里，策展团队组织召开无数次专家讨论会，探讨考古博物馆的定位、考古博物馆的展示内容与框架、考古博物馆与历史博物馆的陈列展示如何区分等问题，可谓"十年磨一剑"。

　　从 0 到 1 建造博物馆难，建设考古博物馆更难。难在考古博物馆在中国博物馆界属于相对新生的事物。虽然以中国考古博物馆为代表，太原、洛阳、郑州、武汉、苏州等地也掀起了建设博物馆的热潮，但实际上各地进展状况不一，陈列内容、展示开放条件也不尽相同，并无太多经验可供参考。尤其是考古机构建设博物馆备受质疑，一些学者甚至认为"考古研究机构的责任与专长是考古发掘与研究，而不是博物馆建设与运营，考古机构建设和经营博物馆是越俎代庖"。

陕西省考古研究院作为陈列展览的实施单位，面对如此大规格的展览，自然也有这方面的疑虑和担忧，因此在筹划之初便邀请复旦大学文物与博物馆学系高蒙河教授的策展团队加入，参与基本陈列的展览策划及大纲文本编写。高蒙河教授团队曾参与策划 2008 年良渚博物院基本陈列和 2017 年基本陈列的改造升级，团队成员对考古博物馆的展示内容和叙事架构也多有研究。

大纲文本的正式编撰工作在 2019 年 4 月启动。策展团队的首要工作是"确定主题"和"梳理框架"。第一版大纲的展示主题为"三秦考古与中华文明"（图3-2、图3-3），对不同展厅进行了定位，一楼展厅采用科技馆的展示方式，以图文展板、复制品、场景复原、微缩模型为主并配合互动展项，旨在普及考古学常识，满足公众的求知需求，尽可能全面地展示考古学的基础理论、考古工作的方法和技术流程，向社会公众展示考古学科及考古行业；二楼展厅立足多年来陕西考古的辉煌发展成就，以陕西省考古研究院的专题性考古成果为线索，展示陕西重要考古发现及研究精粹，供考古学界人士交流研讨，也服务于考古专业学生和文博爱好者的观摩学习，展项以考古发掘出土的标本等实物展品为主；三楼展示考古学史，以陕西考古的发展历程为主线，从考古学史、考古行业建设及考古对社会事业发展的贡献的角度，彰显陕西考古在中国考古学史上的突出地位和杰出贡献，立足陕西，缩影中国。

第一版大纲从内容上看，重点突出了考古博物馆的"科学性"和"专业性"。考古学是通过发掘和调查古代人类的遗址、遗物和文献研究人类古代社会历史的一门人文社会学科。田野考古发掘更是有科学的理论支撑和专业的技术方法，借考古博物馆为考古"正名"也是目的之一。大纲提交后，对于科学性和专业性的定位，专家们一致表示赞同，但也提出了其他意见。一是展示主题"三秦

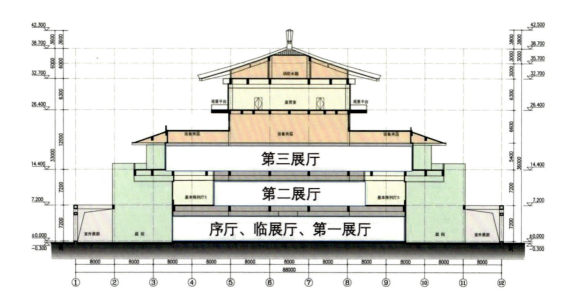

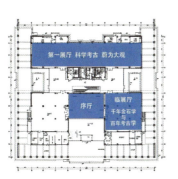

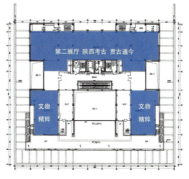

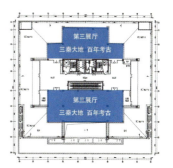

一楼：序厅、临展厅及第一展厅　　　二楼：第二展厅　　　　　　　三楼：第三展厅

科学考古　蔚为大观　　　　　　　　陕西考古　贯古通今　　　　　三秦大地　百年考古

图3-2　陕西考古博物馆总体楼层分布（上）

图3-3　2019年4月展厅排布情况（下）

考古与中华文明"过于平淡，不够响亮；二是从内容上看，第二展厅"陕西考古　贯古通今"似乎与陕西历史博物馆的陈列展示内容重复，对于是否能呈现考古学科特色表示担忧。

在此之后，策展团队又积极修改文本，将展示主题调整为"中国陕西　考古圣地"。这是著名考古学家张忠培先生 2014 年在宝鸡青铜器博物院参观考察时专门为陕西省考古研究院所题，也是对陕西考古多年来工作的高度评价。"中国陕西　考古圣地"将三秦考古放入中华文明总体视野，展现了陕西考古独一无二的重要地位和贡献。此后展示主题虽略有调整，然而"考古圣地"得到了普遍认同并始终保留。

从 2019 年 5 月到 8 月，策展团队多次组织陕西省内考古文博机构专家、陕西省考古研究院各研究室主任、相关考古项目负责人召开专家咨询会，分考古研究时段、分组讨论文本，明确基本陈列的展示框架、展陈内容比例、上展文物清单及展厅分布。达成共识后的大纲文本分以下几大部分继续深化：一层为考古科学厅（以科普视角展示考古学理论和工作方法、考古工具等）。二层为考古发现厅（精选考古项目展示研究、阐释过程）。三层为考古成就厅（梳理陕西考古史）、吕大临家族墓的发现（追溯金石学和考古学的渊源）。一楼临展厅则用来展示壁画。

9 月，室内展陈大纲内容深化已基本完成，陕西省考古研究院召开展陈大纲第一轮专家评审会，邀请来自北京大学、山东大学、湖南省博物馆、山西博物院、陕西历史博物馆、秦始皇帝陵博物院的专家对大纲进行评议。会上，专家们的讨论非常激烈。因为考古博物馆的建设是摸着石头过河，每个专家都对考古博物馆的定位和展示内容有自身的理解和设想。仁者见仁智者见智，建设性意见有很多，综合起来落到展览实处却着实不易。一个争论比较激烈的问题是，根据现有文本，专家们担心展示内容普及性和专业性都有欠缺，做出的展览普通公众看不懂、专业受众不买账。另一个争论的核心问题是在展品类似的情况下，考古博物馆如何与历史类博物馆的展示框架和展示内容有所区分，建成后的陕西考古博物馆绝不能成为另一个陕西历史博物馆。

在专家们争论不止、莫衷一是的情况下，策展团队充分吸收专家意见后，决定做出以下调整。重新编写考古科学厅，以周原遗址考古项目从开始调查到发掘结束的过程为线索，展示考古学理论方法和技术的全链条；调整、扩充考古发现厅，内容向考古工作过程和主要参与者倾斜；将考古成就厅重新命名为考古历程厅，展示考古学史；修改壁画厅，侧重壁画保护修复内容；增加科技文保厅。同时，陕西省考古研究院聘请陕西省文物局原局长赵荣为陕西考古博物馆展陈大纲编制总顾问，他提出"立足陕西、缩影中国""发现保护、传承影响""重点切入、贯穿历史""展品多元、说事见人"四条展陈原则，将展陈框架确定为"一条主线、三大亮点"，打破原有展示框架，明确了以考古工作历程发展史为展览内容主线，以科技考古、文物保护、交流合作为陈列展示亮点。

以考古工作历程为展览内容主线，也就摒弃了以历史年代为顺序的叙事逻辑。从 2019 年 10 月至 2020 年 6 月，大纲修改有 10 版，主要展示框架基本都是按照考古学科发展、考古工作历程的顺序划分为：传统考古之路（1911 年之前）、近代考古的发端（1911—1949）、现代考古的肇始（20 世纪五六十年代）、陕西考古的兴起（20 世纪七八十年代）、陕西考古的发展（20 世纪 90 年代至今）。另外，增加陕西地区的科技考古与文物保护、"交流互鉴——陕西考古对外交流半世纪"、"考古周原厅：膴膴周原　考古大观"、考古标本厅等展示内容。

大纲文本内容主线的调整使讨论再次回到了起点——陕西考古博物馆的定位问题。陕西考古博物馆是附属于陕西省考古研究院的博物馆，建设陕西考古博物馆的目的是助力陕西省考古研究院机构职能向考古研究、公众教育和社会服务"三位一体"转变。预期的博物馆目标受众是受过一定教育的大中专院校学生、考古专业学者和文博行业爱好者等。陕西省考古研究院对博物馆未来的设想是既不希望"门可罗雀"，也不希望"门庭若市"。

如果定位成兼顾大众和专业群体的学科型博物馆，单纯以考古工作历程为展览主线远远无法满足该定位。对陕西考古历史和陕西省考古研究院发展历程的平铺直叙，既缺乏展示亮点，也无法体现出考古工作的社会意义和与现代社会的具体连接，更无法突显考古学科的特色和研究、阐释的过程。至此，高蒙河教授的策展团队已经完成了 14 版大纲文本，历经艰辛，但此时的文稿仍然无法进入下一步的展陈版面深化设计。

眼看时间流逝，陈列展示的框架和内容到了不得不定下来的时刻。陕西省考古研究院的策展团队在此前 14 版大纲的反复讨论、深化过程中也逐渐找准了定位，理清了思路。考古博物馆并非简单地将考古院的标本库房面向大众开放，观众看到的不仅是静态的考古出土遗物，还应该看到考古调查、勘探、田野发掘、室内整理、考古研究的过程、方法和步骤，应该看到考古学研究的全流程和全链条。考古博物馆的重要使命之一就是考古学的大众化，让公众更好地认识源远流长、博大精深的中华文明，弘扬中华优秀传统文化、增强文化自信。陕西考古博物馆的展示很难用一条线索贯穿始终，展示的主题既要兼顾考古学史、考古发现，还要体现考古研究的理念和考释的过程与方法，而文保科技则适合单独成为另一个展示单元。

因此，从 2020 年 9 月开始，陕西省考古研究院的策展团队邀请院内退休专家张天恩博士重新梳理并确定内容框架。他融合了 2019 年 9 月之前几版展陈大纲的优点，着重梳理出了考古历程和文化谱系两部分的内容。王小蒙副院长主管考古博物馆陈列展示方面的工作，既是考古博物馆学术团队的专家，也是执行策展人，在张天恩博士编写的大纲框架基础上继续深化展示内容。策展团队充分调动院内各研究室考古专家的积极性，大会、小会几乎每天都要开，反复与考古项目负责人探讨展示方向、确定展示内容。这个反复细化的过程，也体现出了考古研究机构办展览的优势。业务人员的广泛参与，使大纲文本的内容细致、专业、科学、严谨。

在大家的齐心协力下，陕西考古博物馆基本陈列的展示内容和展厅空间排布在2021 年 2 月基本确定完毕。最终，展示内容划分为"考古历程、文化谱系、考古发现和文保科技"四大篇章。"考古历程篇"重点讲述金石学发展及其对中国考古学的影响、斗鸡台考古和新中国成立后陕西考古的发展历程，穿插展示考古地层学、考古类型学、"大遗址考古"的基础理论、方法及对重要考古学人的介绍。"文化谱系篇"重点讲述旧石器时代至夏商周时期，通过考古学研究成果建构起陕西考古学文化谱系框架、周原遗址和贺家铜轮牙马车专题。"考古发现篇"以聚落、都邑、陵墓和专题考古为线索，以获得"全国十大考古新发现"等重要奖项的考古项目为依托，详细剖析各考古项目的内涵、考古学研究方法及成果。"文化谱系篇"和"考古发现篇"在重点讲述传统考古学研究方法的同时，还穿插展示多学科综合研究和科技考古的相关内容，如动植物考古、体质人类学、分子生物学、环境考古等内容。"文保科技篇"通过对不同材质考古出土标本的保护修复，综合展示文保修复技术的发展演变、材料的使用、操作技术流程及学术研究成果。随着陈列大纲的最终完成，展陈形式设计深化也逐渐提上日程。

三、展览序厅的设计

博物馆的总序厅形象设计，在博物馆陈列展览中占有十分重要的地位，是展厅设计中的重头戏。作为展厅展馆的入口，序厅是观众进入展区的第一印象，也是博物馆核心主题的高度抽象和内容的精华体现，更是整个陈列展示空间的延伸与拓展。

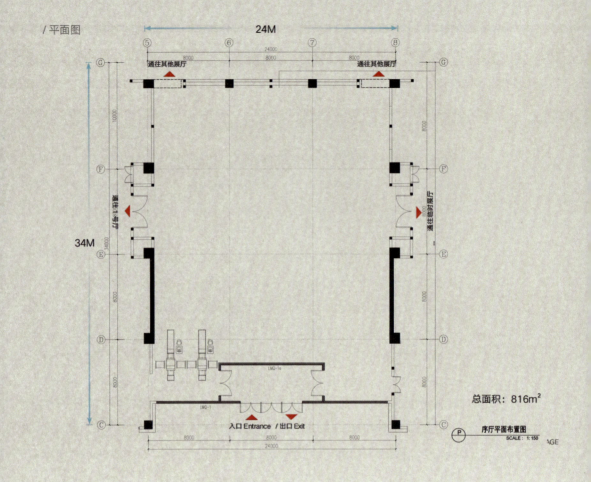

/ 平面图

24M

34M

通往其他展厅　　　　　　　　　　　　　　通往其他展厅

通往1号厅

通往临时展厅

总面积：816m²

入口 Entrance　/ 出口 Exit

序厅平面布置图
SCALE : 1 : 150

图3-4　总序厅平面布置

　　序厅不仅承担着为整个展览奠定基调的任务，还要向观众传达展览主题、宗旨和重要信息。因此，序厅的设计和布置显得尤为重要。序厅的设计要紧扣博物馆展览的主题与内容，源于展览内容，又要高于展览内容，不能凭空臆造，更不能只做通俗化的图解，要从展览中提炼精华，再加以艺术创作。

　　陕西考古博物馆总序厅空间面积为360平方米，形象墙高11.5米、宽22.5米，前庭贯穿一、二层展厅（图3-4）。结合展示空间规划，"考古圣地　华章陕西"

代表性浮雕

地书装置

五千年的华夏历史文明层层叠叠淤积在九百六十万平方公里的土地上，形成一本浑厚博大的"地书"。掀起厚重"地书"，探索发现地下隐匿着的文化信息，周、秦、汉、唐的文化层取样堆叠成巍峨的文化墙，形成"地书"的二十四史。

展标

图3-5　"阅读大地之书，再现文明之光"展陈概念方案效果一

主展标及展览总序言放在博物馆序厅较为合理。鉴于序厅的重要地位，设计师在总序厅的设计形式与展现效果上颇费了一番功夫。

2020 年 8 月在展陈概念方案评审阶段，策展团队以"阅读大地之书，再现文明之光"为理念，设计了以下两种效果。

效果一：五千年的华夏历史文明层层叠叠沉积在 960 多万平方千米的土地下，形成一本浑厚博大的"地书"（图3-5）。考古人员以田野发掘为手段，阅读"地书"，

设计方案 ▌总序厅方案
DESIGN SCHEME / GENERAL ORDER HALL SCHEME

效果图

左图 刻痕中会出现亮点代表不同遗址，根据三次普查和最新发现数据，点位逐渐增加。最后汇集形成陕西地图
右图 灯光再次变化，组合成"中国陕西 考古圣地"

图3-6 "阅读大地之书，再现文明之光"展陈概念方案效果二

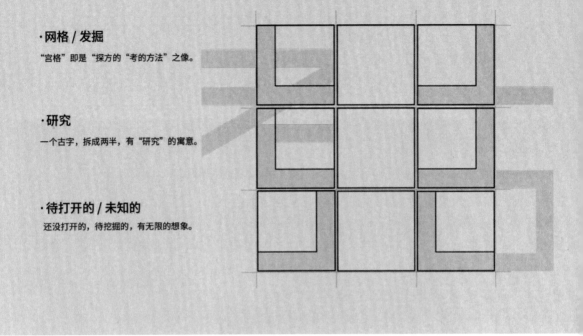

·**网格 / 发掘**

"宫格"即是"探方的"考的方法""之像。

·**研究**

一个古字，拆成两半，有"研究"的寓意。

·**待打开的 / 未知的**

还没打开的，待挖掘的，有无限的想象。

图3-7　陕西考古博物馆视觉标识系统概念生成

正如掀开厚重"地书"，探索发现地下隐匿着的文化信息，周、秦、汉、唐的文化层取样堆叠成巍峨的文化墙，形成"地书"的二十四史。

效果二：艺术化处理探方、地层等元素，利用灯光墙面寓意文明之光再现，刻痕中可出现不同遗址亮点，点位逐渐增加，可形成陕西地图，也可点亮主展标（图3-6）。这些遗址点位都是考古人员辛勤调查勘探出来的。通过这些遗址点位，考古学才能再现中华文明之光，也因为有这些遗址，才能成就"中国陕西　考古圣地"。

2021年5月，各施工单位开始进行展陈版面深化设计，为了保持展陈风格和博物馆视觉识别系统（Visual Identity）的相对统一，院方邀请广东省集美设计工程有限公司为陕西考古博物馆设计馆标。设计师利用探方、九宫格、重点词"考古"生成设计概念，完成了馆标的 VI 设计（图3-7）。

图3-8　序厅形象墙设计效果（组图）

图3-9　2021年8月，陕西省文物局局长罗文利、副局长贾强等讨论序厅设计方案

　　网格代表田野考古发掘的基本工作单位——探方。左右两边凸起的部分寓意隔梁，表示此探方已经做过发掘。同时，凸起的部分为"考"和"古"字各取半边，突出考古博物馆的展示主题。而中间待打开的空格，则代表未发掘的探方，预示考古发掘的未知，也代表着古代人类社会研究的无限可能。

　　在此基础上，序厅设计又融合馆标，利用陕西重大考古成果项目名称、典型文物、考古工具、陕西省地图轮廓等元素，打造殿堂感（图3-8）。设计方案完成后，视觉效果仍然不太理想。一是陕西重大考古成果项目并非恒定不变，不适宜太过具象；二是序厅形象墙设计元素太过繁杂，容易使参观者眼花缭乱，立意和主题也不够突出。

　　上级部门领导对博物馆序厅的设计非常重视，与策划团队共同开展"头脑风暴"，商量对策（图3-9）。由于考古博物馆建筑外观整体属于唐风园林式设计，外墙使用

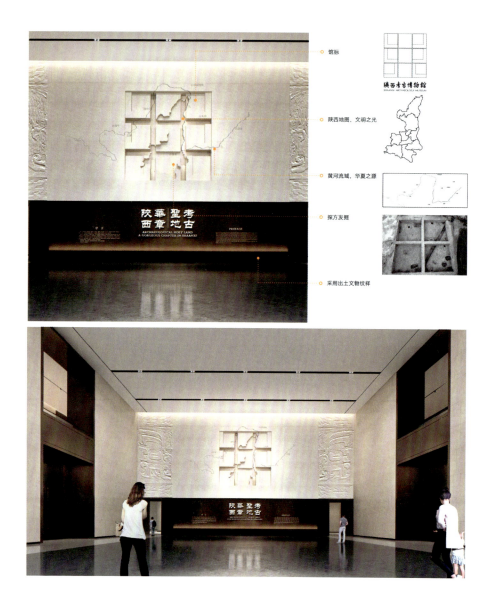

图3-10　总序厅方案设计元素（上）
图3-11　总序厅第十五稿设计方案（下）

图3-12　总序厅落地效果

米黄色石材和浅灰色屋顶，因而总序厅的设计将延续以上元素，以庄重典雅、含蓄得体为基础设计思路，在视觉信息呈现方面突出"圣地""华章""陕西"。综合各版方案化繁为简，设计师提取馆标、陕西地图、探方等陕西考古及石雕、青铜器等文物的典型纹样等元素，制作主展标并印制展览序言的中英文。此版方案立意明确，室内外风格过渡自然，设计元素和手法相对统一，得到了一致认可（图3-10）。

最终，序厅设计方案确定为以馆标为主体，中英文序言两侧及底部等区域分别采用秦始皇帝陵兵马俑出土铜车马伞杆上的错金银纹和石峁遗址出土石雕上的兽面纹、人面双虎纹连续排布来装饰，整体使用红铜材料，采用锻打工艺呈现（图3-11）。落地效果简洁大气，序厅既能体现庄重感又不失秩序感，同时不影响展览功能空间。开馆后，总序厅一度成为热门拍照打卡处（图3-12）。

四、展品的选择

　　陕西考古博物馆展出文物共计 4891 件 / 组，展出文物 99% 为考古发掘出土品，部分为借展文物。为了丰富展览，展品中另有考古标本 230 组 412 件，复制品 2 件，向其他国有收藏单位借展文物 51 件 / 组。陕西考古博物馆的展览选取了与历史博物馆、艺术博物馆等完全不同的叙事线索和展示重点。

（一）重视档案资料的征集与展示

　　"考古历程篇"作为陕西考古博物馆的开篇，要想在有限的空间内讲述中国考古学科发展的前世今生、陕西考古事业的发展历程，头绪繁杂。展览的叙事线索分主线和辅线，双线并行。展览以时间发展为主线，从考古发掘实证古人收藏古物的案例切入，引出中国古代金石学的缘起、发展与主要成就；梳理从"中国考古第一铲"到"陕西考古第一铲"的重大考古史实；详述新中国成立后，陕西考古事业、考古机构、学术交流平台等筚路蓝缕的发展历程。展览以考古学科基础理论建立、发展的历程和解读为辅线，梳理从地质学的地层到考古学文化层的发展过程，介绍中国学者探索考古类型学的早期实践，展示2000 年后陕西"大遗址考古"的工作理念，阐述考古学科的基本概念，为观众理解后续的展览内容打下基础。在双线并行的叙事线索下，先按照考古工作时间做了初步整理，拟定了五个方向进行展品遴选。
　　第一类是古籍等文献资料。主要是古代金石学相关的历史文献，我们在第一单元展出的吕大临著《考古图》为清亦政堂藏古籍。配合北宋吕氏家族墓地

图3-13　田野考古发掘工具（组图）

出土的仿古石礼器和《考古图》收录器物原型线图，说明金石学的考据研究和对中国现代考古学的产生有着较为深远的影响。

　　第二类是徐旭生、苏秉琦、石兴邦等考古学者的日记、手稿和遗物。此部分展品在陕西考古博物馆计划筹备之初即着手准备，主要是提前与家属进行沟通，定向征集。

　　第三类为考古工具类材料（图3-13）。包括田野调查、考古发掘使用的工具等，从传统的手铲、罗盘、探铲、比例尺、毛刷，到高科技手段加持下的无人机、电脑、

GPS 测量仪等，考古工具的变化也体现出中国考古事业的发展。

第四类是帮助观众理解考古地层学、考古类型学的标本样品。中国的文物资源大多深埋地下，考古田野发掘中最重要的一项基本功是在土中区分不同类型的遗迹，辨认土质土色。如果用文字和图片简单描述原始生土、五花土、灰坑土、红烧土等的质地、颜色，观众很可能还是一头雾水，将遗迹标本放入展厅，则一目了然。

第五类是在时间发展主线下陕西重要考古项目发掘出土的文物。入选文物包括秦始皇帝陵兵马俑出土的跽坐俑、驭手俑、文吏俑，唐懿德太子墓出土的彩绘骑马俑，陕西城市化建设过程中经过考古发掘出土的文物等。

宝鸡斗鸡台考古，被称为陕西科学考古发掘的"第一铲"，其成功发掘更被考古界誉为"中国考古学初步发展时期最重要的发掘项目之一"。徐旭生和他的学生苏秉琦在陕西的考古活动，至今仍被认为是"陕西现代田野考古的奠基和起步"，是陕西考古史上具有里程碑意义的重要事件。陕西考古会持续运作了 10 年，为陕西乃至中国文物考古事业做出了重要贡献，在陕西考古史甚至中国考古史上有着非常重要的地位。

"考古历程篇"中重点选取了徐旭生、苏秉琦等考古学家的手稿、遗物。徐旭生（1888—1976）是我国著名考古学家、古史专家和教育家。他曾留学法国巴黎大学，学习哲学，先后担任北京大学教务长、北平研究院史学研究所所长等职务。1927 年，徐旭生担任中瑞西北科学考察团中方团长。这个考察团的组成，结束了从 19 世纪末以来我国大批珍贵文物任外国人随意拿走的屈辱历史，让中国不再出现第二个斯坦因。1930 年，他写作出版了《徐旭生西游日记》。1934 年 2 月，陕西省政府与国立北平研究院等联合组建陕西考古会，陕西考古会成为陕西文物考古史上最早运用现代科学手段实施文物调查、文物保护以及田野发掘的非民营机构，徐旭生担任工作组主任。1934 年 4 月，陕西考古会发掘宝鸡斗鸡台，正式揭开了陕西科学考古发掘的序幕。在斗鸡台考古发掘中，

图3-14 徐旭生、苏秉琦等在
大散关考察时留影

沟东区的发掘成果最为显著，共发现墓地104座，出土大量珍贵文物。其间，徐旭
生等人对西安周边等地做过游历及考古调查（图3-14）。由于徐旭生当时的日记大
多涉及考古发掘及调查等事项，因此成为陕西考古史不可或缺的珍贵资料。

　　作为文物资源大省，陕西考古的历程在某种程度上可以说是中国考古学发展的
缩影。2014年4月26日，正是斗鸡台考古发掘80周年之际。为纪念宝鸡斗鸡台
发掘80周年，来自中国社会科学院考古研究所、故宫博物院、上海大学、北京大学、
西北大学、陕西师范大学等单位和院校的专家、学者，以及80年前主持参与斗鸡
台考古发掘的徐旭生、苏秉琦、李希平等老一辈考古学家的后裔、学生40余人共
同参加了4月26日在宝鸡举办的由陕西考古学会主办，陕西省考古研究院和宝鸡
市文物旅游局承办的"纪念宝鸡斗鸡台考古80周年座谈会"，怀念总结80年前
在极其艰苦的环境下老一辈考古工作者勠力为中国考古事业所做出的巨大贡献。会
前，苏秉琦之子苏恺之向陕西省考古研究院捐赠了一部分苏秉琦的生前遗物、书籍、
日志、照片、手稿等（图3-15、图3-16），这些实物资料让"苏秉琦的书房复原"展
项更加生动、富有感染力。

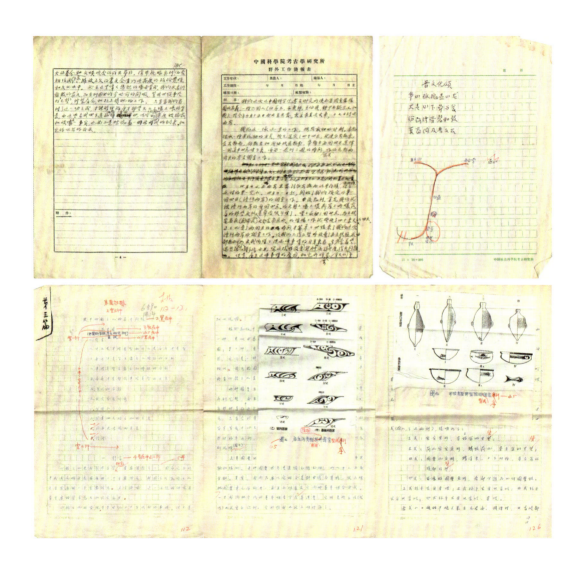

图3-15　苏秉琦手稿包括陕西省调查发掘记录、《晋文化颂》、《关于仰韶文化的若干问题（节选）》

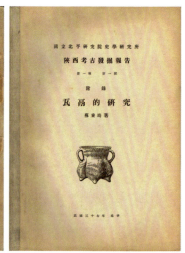

图3-16 苏秉琦著《斗鸡台沟东区墓葬》和《瓦鬲的研究》

　　2016年4月至5月，上海大学罗宏才教授在校对《徐旭生陕西考古日记》书稿（图3-17）时，与院领导聊及可以劝说徐旭生家属将这些日记手稿捐赠出来，作为陕西考古博物馆考古学史的展品。此后，陕西省考古研究院王小蒙、曹龙、王沛等多次与徐旭生之子徐桂伦沟通商议捐赠手稿的范围、捐赠方式、手稿捐赠之后的使用范围、监督等事宜。最终，徐旭生家属确定与陕西考古有关的《徐旭生陕西考古日记》可全部无偿捐赠给陕西省考古研究院。

　　2017年12月7日，《徐旭生陕西考古日记》新书发布会、徐旭生先生与中国考古学座谈会暨日记手稿捐赠仪式在徐旭生生前工作的地方——中国社会科学院考古研究所举行。徐旭生的儿子徐桂伦、女儿王忱及苏秉琦的儿子苏恺之到场参加了

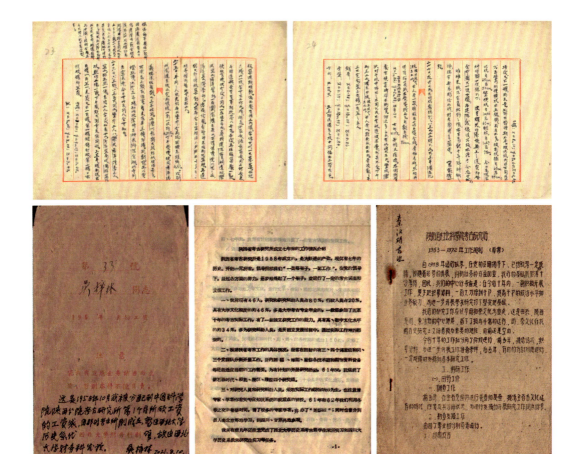

图3-17　《徐旭生陕西考古日记》手稿扫描（节选）（上）
图3-18　吴梓林捐赠的工资袋、《陕西省考古研究所成立七年来的工作情况介绍》和《陕西省社会科学院考古研究所1963—1972年工作规划（草案）》（下）

会议。会上，国家文物局、中国社会科学院考古研究所、河南省文物局、陕西省考古研究院等单位的与会嘉宾畅谈自身对徐旭生和中国考古研究的认知，总结提炼徐旭生先生对中国考古学发展的贡献。这些认识和手稿为陕西考古博物馆"考古落铲斗鸡台"展项提供了重要的学术支撑和宝贵的档案资料。

除了徐旭生、苏秉琦的手稿外，"科学考古　兴史救国"单元还展示了 1937年商务印书馆出版的《先史考古学方法论》，美国俄勒冈大学艾金森教授夫妇捐赠的梁启超的 *Archaeology in China* 1928 年影印版，以及民国时期国外学者及国内考古机构调查、发掘记录的出版物。"顺应时运　考古扬帆"单元展示有陕西省考古研究所建立后第一批业务骨干吴梓林先生捐赠的工资袋、《陕西省考古研究所成立七年来的工作情况介绍》、《陕西省社会科学院考古研究所 1963—1972 年工作规划（草案）》（图 3-18），《唐懿德太子墓》王仁波手稿，援藏考古往来传真及调查记录，中国考古学会、陕西省考古学会第一期会刊及论文集，1987 年法门寺地宫发掘的《人民日报》报道和 1962 年秦咸阳城考古发掘的《光明日报》报道等。网友"长安三万里"在参观博物馆后说，"让我记忆深刻的是考古工作者的笔记，见字如见面，再次为人文精神而感动，对考古也有了新的认识，心存敬意"。观众能通过"考古历程篇"的展示，体会到中国现代考古学百年历程的艰苦和辉煌，了解考古学科的理论发展和基本方法，感受考古工作者的奉献精神，这正是策展团队的预期效果。

（二）重视遗迹、遗物组合关系的展示

"文化谱系篇"和"考古发现篇"主要展示内容为考古发现和重要考古研究成果解读。全馆共展示考古项目 138 个，其中有 26 项"全国十大考古新发现"，10 项"百

年百大考古发现"。"文化谱系篇"主要展示以渭河流域为中心的史前至夏商时期诸多考古学文化和类型的分布范围、文化特征和代表性遗存。"考古发现篇"以聚落、都城（都邑）和帝陵考古的重大发现为纲，汇聚丰富的中小型墓葬资料，复原从史前至宋元各时代的社会图景。

考古学通过自身的理论、技术与方法来获取考古信息并进行研究，从而认识人类的过去。考古遗址通常内涵丰富，将考古背景信息、出土标本和研究信息分割开来，会严重削弱对考古项目的信息解读。因此，以考古叙事为手段的考古博物馆展陈设计，需要将文物回归到原来的埋藏环境。一座墓葬、一个灰坑、一座房子，考古学科视角的叙事逻辑将整个遗迹单位，甚至多个遗迹单位的所有考古标本放到一个展示空间里集中呈现。

陕西考古博物馆在展示各个考古项目时，充分注意到了两方面的内容：一是遗址和遗物的关系，紧密结合、完全对应；二是遗物之间的关系，重视出土遗物的原状组合、功能组合。以考古遗存为基本着眼点，展览尽可能完整地呈现单位遗迹的出土遗物组合。如将展品按照在遗迹中的原状组合进行摆放，并特意通过遗物组合关系的对比展示来体现考古资料的完整性和系统性，将遗迹和遗物的展示紧密结合来更好地揭示出考古项目的内涵。展品不唯其美而强调其考古学价值，强调其所处的社会环境和蕴含的礼仪制度、文化习俗等信息，让观众了解考古发现背后的故事。这种叙事手段的呈现特征，便是考古标本的仓储式、密集式陈列。

在旧石器时代展区，大量选取了南郑龙岗寺（图 3-19）、洛南盆地旧石器遗址群（图 3-20）、南郑疙疼洞、宜川龙王辿等几个遗址出土的典型石器和古人类化石标本及复原模型，并置在同一区域对比展示。结合"古人类演化与旧石器文化发展序列"图表，最大限度地展现了陕西地区旧石器时代考古学研究的内容、文化面貌，如古人类的起源、石器打制技术的发展演变等。

龙岗寺墓地是一处保存完整、规划有序的史前公共墓地。墓葬自下而上共

图3-19 南郑龙
岗寺遗址出土的
手镐、手斧等石
器（上）

图3-20 洛南盆
地旧石器地点群
出土的手斧、薄
刃斧、手镐等石
器（下）

分 6 层，逐层覆土，叠压埋葬，出土大量陶器、富有特色的雕刻骨管、玉器及绿松石装饰品等 3000 余件。龙岗寺墓地清晰的层位关系，揭示了前仰韶老官台文化与仰韶文化半坡类型的早晚关系。展览选取了墓地中具有代表性的陶器、玉器、绿松石器等典型器物组合展示，并利用玻璃层板辅助展示六层墓葬的分布及地层早晚关系。对于器物的排列，策展团队也花了一些巧思，始终贯穿考古地层学的方法理论，即离观众近的器物所在层位相对年代晚，离观众远的器物所在层位相对年代早。

新石器时代蓝田新街遗址仰韶文化晚期遗存非常丰富。该遗址出土器物与渭水流域及邻近地区同时期遗存之间，在文化"大同"的主流下又有"小异"。为了让观众全面了解该遗址的独特内涵，展区专门挑选了动物形陶鼎、大口圜底缸、装饰有篮纹的陶器、陶砖形器等同时期遗址所未见的考古标本。同时，新街遗址还发现了数量丰富的制作玉器、石笄的毛坯、石料。布展时将制作工具、石料、玉笄成组排列，让观众更直观地认识仰韶晚期先民开发利用"蓝田玉"的实物佐证和历史背景。

手工业考古遗址是考古学研究中非常重要的一个类目。手工业考古是古代手工业各个门类的考古学研究，是一个门类众多的产业系统。陕西考古博物馆在用考古学的时空框架阐释文明起源、宏大叙事的同时，也透物见人去研究古人的生活习俗、行为模式、手工业技术交流的细节和流程。在考古博物馆中，有大量关于石器打制、铸铜、制骨、制玉石、陶瓦、石铠甲等的操作工艺流程的展示。如周原遗址齐家制玦作坊，展板资料详细展示了石玦加工过程与不同阶段（图 3-21），展示文物有制作工具、原料、毛坯、坯料、半成品、成品等（图 3-22），以操作链式的考古实物标本，使石玦制作流程一目了然。

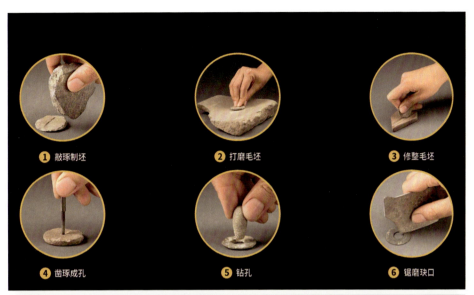

图3-21　齐家制玦作坊石玦加工过程的不同阶段的图版（上）

图3-22　齐家制玦作坊石玦加工过程的不同阶段的展品（下）

图3-23　周原遗址贺家铜轮牙马车展项

（三）超大型考古遗迹的原状搬迁展示

　　相较于其他综合类的历史文物展览，考古博物馆展览最大的"撒手锏"在于营造直击考古现场的沉浸式共情体验。为了做好考古研究成果的活化利用与有效传播，展览对平时难得一见的超大型考古遗迹进行了原状搬迁展示，以突破遗迹本体结构对观众观展的制约，让观众有机会近距离观察，实现了观展视野最大化，实现文物保护与展示体验的双赢。而复现文物出土场景、将考古现场接入展厅等创新大胆的尝试，也能全方位展示考古工作过程。从文物的展示扩大到发掘现场的还原，从直观展示发展到情感传递，这种带领观众走进考古现场的设计获得了良好的观展反馈。

　　博物馆原状搬迁考古遗迹共涉及 7 个展项。其中，超大型考古遗迹周原遗址贺家铜轮牙马车（图 3-23）和蒲城洞耳壁画墓，创新展示形式，营造沉浸式观展体验，展览开放后受到观众的热烈好评。

图3-24　贺家铜轮牙马车室外整体
打包搬迁遗迹（上）

图3-25　贺家铜轮牙马车实验室发
掘清理（下）

　　贺家铜轮牙马车发现于 2014 年 8 月，周原考古队在宝鸡周原遗址贺家村以北
开展考古勘探时发现了一处车马坑遗迹，北距凤雏甲组建筑 150 米。初步发掘显示
坑内埋藏有一辆车，车轮牙系青铜铸成，十分少见。车辕、车舆保存状况良好，装
饰纹样清晰，均镶嵌有绿松石。为了使车马坑内的车马遗存得到完整保护和科学翔
实的发掘，2015 年 12 月，陕西省考古研究院在不改变车马出土现状的情况下将车
马坑整体打包运回泾渭基地进行室内发掘（图3-24、图3-25）。车马坑的室内清理工
作历时三年多，考古人员联合文物保护人员对车马坑内的遗迹、遗物进行逐层揭露，
运用高分辨率穿透雷达探测、显微照相、现场原位分析、延时摄影、高清摄影、三
维激光扫描等技术进行信息记录和提取（图3-26），尽最大可能获取车辆信息。

图3-26　贺家铜轮牙马车发掘过程中的三维扫描记录

　　发掘结果显示，贺家铜轮牙马车长 3.13 米、宽 2.68 米、高 1.5 米，车轮直径约 1.4 米，轮间距宽达 1.99 米。车马坑遗迹由车体和四匹马的遗骸组成。整个马车木轮外包裹着青铜轮牙，是目前发现的唯一一套保存完整的商周时期铜轮牙马车。马车形体大，装饰更是精致复杂，车马器构件大量镶嵌绿松石，并有薄壁青铜兽面、玉雕、青铜龙等配件……其华丽程度在西周车马发展史上堪称"第一豪车"。

　　车马坑遗迹在发掘完成后，一直保存在泾渭基地的实验室内，重量达 40 吨。为了适应博物馆的楼板承重，文物保护研究部的同事在保证车马坑本体不受损坏的情况下，减掉遗迹底部多余的土方，加班加点帮助遗迹"瘦身"，最终遗迹减重至 13 吨，满足楼板承重荷载要求。即便如此，该遗迹依旧体量巨大，因此在博物馆建筑未封墙之前便提前规划好展示区域。

　　在展示贺家铜轮牙马车遗迹本体时，我们还将车马坑出土的车饰、马饰分别组合展示，结合车马复原线图标注车饰、马饰的具体使用位置（图3-27）。

图3-27　贺家铜轮牙马车马饰、车饰（组图）

图3-28　贺家铜轮牙马车数
字化复原

同时，大型投影《金路煌煌——周原遗址贺家铜轮牙马车》自动循环播放。该
影片记录了对当时的考古项目负责人的采访，展示了车马坑搬迁、实验室发掘、
文物保护研究、数字化信息采集和复原（图3-28）的整个过程，解析马车的文物
价值、科学价值，呈现出西周晚期豪华礼宾用车的复原样貌，带领观众从第一
视角感受考古学科的魅力所在，也加深观众对展品的认知。

　　没有什么比亲眼所见更为震撼，原样"打包"搬入博物馆的车马坑，从视
觉上成功激起了观众的好奇心、探索欲。展区还设置流程图灯箱为观众展示了
车马坑的考古发现与发掘过程：首先田野调查掌握遗址整体情况，考古勘探确
定重点遗迹，试掘观察遗迹的保存情况；其次整体打包运回实验室进行精细发
掘；最后通过多学科的综合研究，才能向公众呈现出这辆精美华丽的马车。

　　蒲城县洞耳村壁画墓为八边形穹隆顶砖砌墓，由墓道、砖封墓门、甬道和
墓室四部分组成。墓葬甬道、墓室均满绘壁画，保存完整、内容丰富、色彩艳丽，

对元朝的服饰和生活器具描绘细致入微，再现了墓主夫妇日常生活的真实场景，为研究蒙宋对峙时期蒙古统治区的物质文化和社会面貌提供了珍贵图像资料，具有极高的历史价值和艺术价值。最早在 1998 年就曾对该壁画墓进行过一次考古发掘，当时出于文物保护技术及经济等多方面的原因，发掘者仅对墓葬做了保护性考古清理，采集完资料后，对墓葬做了精心的封堵，进行了保护性回填，对原址封存保护。随着城市化进程的加快和新农村建设的全面推进，地处城市建设边缘地带的洞耳村元代壁画墓周边居民为获取高额拆迁补偿，违规使用土地进行生产活动的情况日益严重，文物安全工作面临严峻挑战，其原址已不再适应这一珍贵文化遗产的可持续保护需求。同时，国家对文化遗产保护工作的高度重视和科技的进步与文物保护技术的日臻完善，也为该壁画墓的可持续保护创造了新的历史条件和技术支持。2018年，陕西省考古研究院慎重研究决定，报请国家文物局批准同意，重启对该墓的考古发掘和壁画保护工作。

为了能将这座保存完好的壁画墓完整地展示，使公众更直观地了解墓葬壁画的形制，充分发挥文物的社会价值，让文物"活"起来，秉承"保持原状""最小干预"的文物保护原则，陕西省考古研究院提出了对壁画墓的整体搬迁保护方案（图3-29）。在以往搬迁保护经验技术之上进行改良与创新，提出复原型整体搬迁保护方法（在考古现场完成地仗层加固、过渡层制作、轻型支撑体更换减重）（图3-30）。由于该墓的地仗层极薄，墓葬重量主要集中在壁画的砖墙支撑体上，文保工作者提出了现场更换轻型支撑体并整体搬迁的保护思路，即搬迁前需要对壁画进行整体保固，包括壁画墓内部加固与支撑、墓葬外部固型与支撑体更换、墓葬底部分离与整体搬迁（图3-31）。

由于壁画墓体量较大，待考古博物馆主体建筑完成后，墓葬从墙体处被吊装至三楼 5 号展厅并放置于临时搭建的保护房中，开始了保护修复和展览布置。壁画属于脆弱质文物，对环境较敏感，不适宜裸展。以往壁画的展览大多将壁画逐块揭取，或者拼接一部分放入展柜展览，或将体量较小的壁画墓从中间分开，观众通过中间

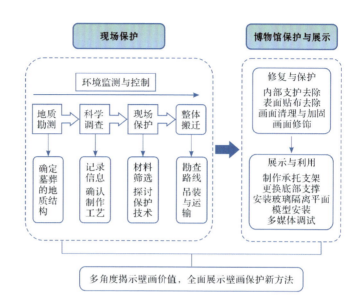

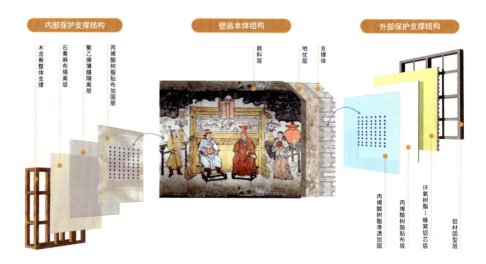

图3-29 蒲城洞耳壁画墓总体保护修复技术路线（上）

图3-30 蒲城洞耳壁画墓整体搬迁保护支撑结构示意（下）

图3-31　蒲城洞耳壁画墓整体搬迁过程及各阶段保护效果（组图）

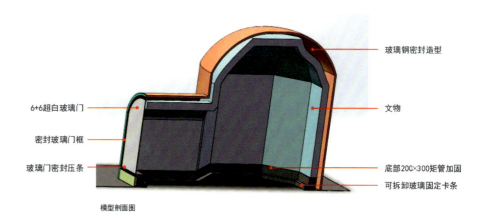

玻璃钢密封造型

6+6超白玻璃门

文物

密封玻璃门框

玻璃门密封压条

底部200×300矩管加固

可拆卸玻璃固定卡条

模型剖面图

图3-32　壁画墓展示模型剖面图（上）

图3-33　文保人员对修复后的壁画颜色进行再次测量（下）

走道观看，从未有整座壁画墓展览的先例。为了保持画面的完整性，也为了满足观众的参观需求，壁画墓在修复时去掉了内部支撑材料和外部吊装的钢材，重量又有减轻。结合该展厅独有的高展示空间，策展团队提出将壁画墓抬高，采取让观众从底部观看的展览方式（图3-32）。将壁画墓抬高后，周边随墓葬形制安装钢质支撑框架，框架高度为 3 米，以便观众从下方参观。此外还在框架两边安装楼梯，方便观众近距离从甬道观看壁画。为了使观众更为清楚地观看壁画，壁画底部和甬道封闭选用了异形低反射玻璃，减少光线影响。待墓葬完全架高、封闭后，文保工作者还对墓室内壁画进行整体修饰。他们先用侧光观察壁画，对表面泛光的部位进行再清理，然后用 1% AC33 调和矿物颜料，结合壁画早期照片和现场三维扫描图片对缺失部分进行补色，补色部位比画面颜色略淡，以满足"远观看不出、近观有区别"的文物保护原则。工作人员还对壁画内部颜色进行了再次测量记录（图3-33），室内测量点与现场颜色测试点一致，以比对壁画颜色在现场和室内的变化，对壁画画面再次进行信息采集，并对壁画墓展示环境进行远程实时监测。

　　蒲城洞耳壁画墓一体设计，钢结构支撑，底部为低反射玻璃。在内部照明设计上，底部环绕一周安装轨道，全部采用埃克苏 12 瓦专业展示轨道灯具，钢结构内壁伸出大概 80 毫米的支撑构件，向上洗墙照明，交叉打光，均匀洗亮，灯光光斑柔和，可以很好地还原出壁画的色彩和纹理，真实还原壁画的原色彩（图3-34 至图3-36）。

　　为了充分展示墓葬壁画的价值，普及壁画及其保护知识，展览还采用了多种手段展现该墓葬壁画的考古、文物保护信息。如通过图版文字概述该墓葬的考古学信息、文物保护过程。利用图版展示了墓葬壁画考古现场保护的技术思路，以图片的形式直观展示了科技研究的部分成果；以微缩模型展示了保护搬迁各个阶段的壁画墓状况；将三维扫描成果录入电子屏，使观众可以"3D 漫游"，观察壁画细节，同时对壁画内容，如壁画中的器物、服饰等进行了科普。为了复原壁画外部砖墙样式，也为了活化壁画内容，在壁画外部还整体安装可以投屏的外罩，在墓室四周墙壁安装投屏设备，以实现 3D Mapping 动画效果投屏。投屏动画分为两部分，第一部

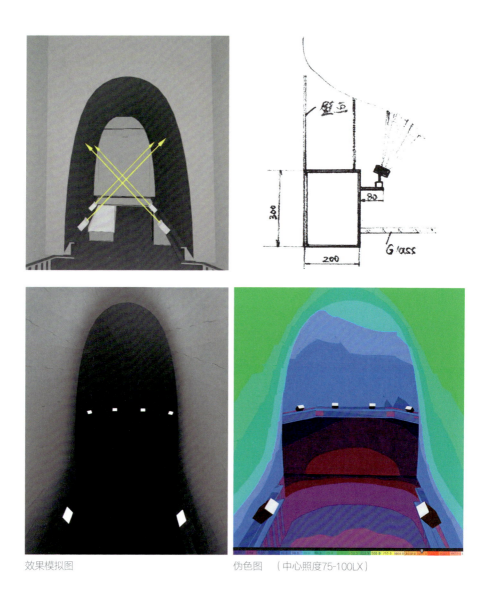

效果模拟图

伪色图　（中心照度75-100LX）

图3-34　壁画墓灯具安装示意和壁画墓照明模拟（甬道）（组图）

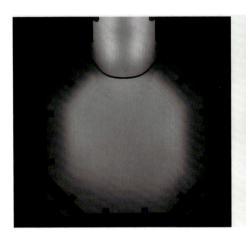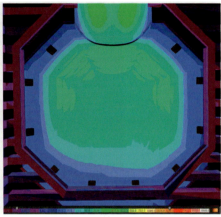

图3-35　壁画墓照明模拟（墓室）和壁画墓照明模拟底部看光环境（组图）

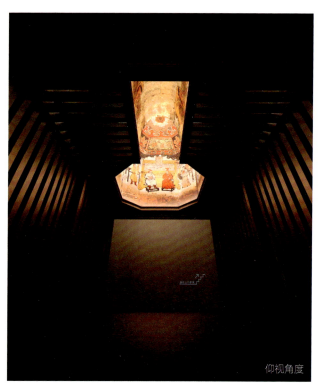

仰视角度

平视角度

图3-36　壁画墓钢质支撑框架抬高设计效果（组图）

分展示了墓葬壁画现场保护的过程，第二部分活化了墓葬内三幅画面，配以风格类似的音乐让人物和动物活动起来，使壁画内容生动起来，便于观众理解壁画内涵。

在陕西蒲城洞耳壁画的保护中，采取了多学科、多技术协同运用的方法，通过基础数据采集、壁画本体稳定性处理、墓葬整体迁移、博物馆修复与展示设计等一体化文物保护、展示与利用的设计与实践，取得了良好效果。该项工作是一次从考古发掘到室内保护修复，再到博物馆展示，统筹协调开展的有益尝试，达到了深度挖掘文化遗产赋存信息、提升展示利用价值的目的，为同类型墓葬壁画及大型文化遗存的保护与展示提供了可供参考的新方案。该展区自开馆以来吸引了大量观众驻足参观、学习，以及多家媒体的关注与报道。"蒲城县洞耳村元代壁画墓保护与展示项目"还获评"2022全国十佳文物藏品修复项目"。

五、展览的形式设计

"考古圣地 华章陕西"展以考古人的视角，全方位展示古代遗迹、遗物的时空位置及学科价值，介绍动物、植物、残留物等相关科技考古成果，多角度全方位解读古代社会图景。遗址、遗物及动物骨骼、植物种子、残留物等是贴近和复原古代社会图景的"第一现场"。展览通过多种手段集中展示考古学家如何阅读大地，如何通过地下遗存来解读辉煌的古代文明并复原古史，让观众了解考古发现背后的故事。

图3-37　唐节愍太子墓塔式罐及图解（组图）

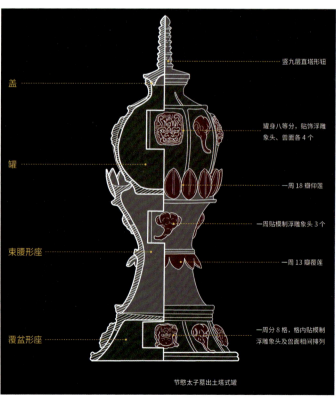

（一）图像化转译学术研究成果

就时下的文化传播来看，由"文本叙事"主导转向"图像叙事"主导，已经成为不可逆转的大趋势。图像叙事以图像、影像、形象为载体，是引人入胜的、讲故事的顶尖手段。图像叙事直观、具体、生动，讲述的"故事"能够激发观者无限的想象力，变"不可见"为"可见"，使观者获得强烈的"在场感"和丰富的"临场体验"。

经过 60 余年的学术研究，陕西省考古研究院积累了丰富的考古专业学术研究成果。然而专业的考古发掘报告的叙事语言风格与普通观众之间存在知识壁垒，需要通过展览形式设计来绘制转化大量考古遗址分布图、文化传播路线图、聚落发展分期图等等，并搭配具体遗物（图 3-37）、遗迹（图 3-38）的线描图、数据分析图来完成专业考古知识的视觉转化，以便观众阅读与理解。

（二）考古资料的插画创作

在版面设计上，展览打破文字材料罗列堆砌的常规套路，在信息传达准确的前提下，对考古研究资料进行重制与二次创作，大胆尝试多种形式的插画解读，丰富展陈语境，优化展陈形式。对于宝鸡关桃园遗址，结合考古出土的遗迹、遗物和动植物等研究成果，复原出了原始先民生产生活的自然环境，如连绵不断的群山、滔滔东流的渭河、疏松深厚的黄土台地，以及虽然范围不大，但宜垦殖耕作的遗址活动范围（图 3-39）。

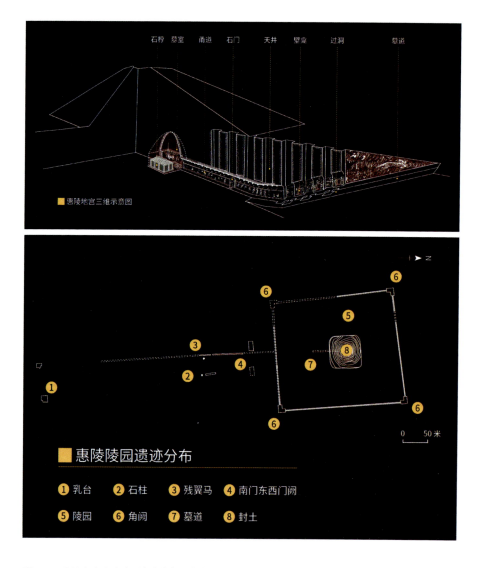

图3-38　唐让皇帝惠陵陵园遗迹分布、地宫三维示意（组图）

图3-39　宝鸡关桃园遗址环境复原

图3-40 杨官寨遗址环壕聚落复原

对于杨官寨遗址，利用人物插画，整体复原了仰韶中晚期氏族聚落的环壕结构（图3-40）。同时将小陶杯、陶罐，以及尖底瓶、陶罐、陶漏斗等器物分别组合展示，配合展板插画，还原杨官寨人民酿酒的过程及宴饮生活，既表明了器物功用，又追溯了仰韶晚期的社会文化背景（图3-41）。石峁先民使用颜料绘

制壁画的复原场景，极具辨识度地向观众传达了展示器物的使用功能和壁画绘制过程相关的信息（图3-42）。展览还将石峁遗址皇城台骨针制作流程（图3-43）、秦代石铠甲制作场景及加工流程（图3-44）、宋代点茶过程（图3-45）等简化成清晰且流畅的图示，让专业的内容更贴近观众日常的阅读水平和习惯。

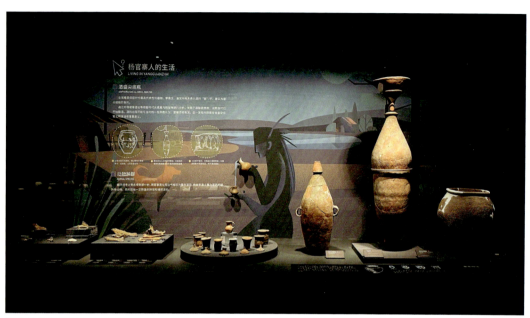

图3-41　"杨官寨人的生活"之酒盛尖底瓶展示及展板（组图）

图3-42　石峁遗址的壁画
绘制场景

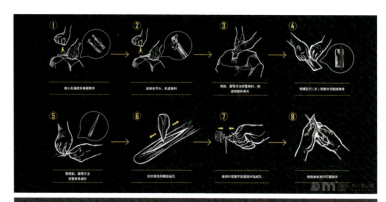

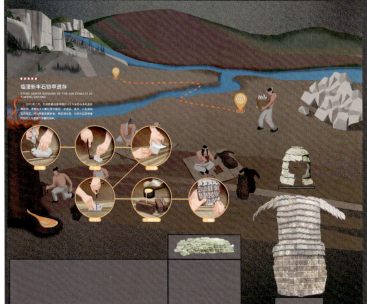

图3-43　石峁遗址骨针制作流
程（上）

图3-44　秦代石铠甲制作场景
及加工流程（中）

图3-45　宋代点茶流程（下）

图3-46　刘家洼芮国墓地M1出土钟磬组合

（三）文物组合关系的梳理

　　单件器物传递的信息是零碎的，而当几件器物放在一起就有可能连缀成一条完整的信息，提高信息传播效率、提升观展易读性。因此，展览梳理出多件/组器物的组合关系，并将其放置在整体组合语境中进行展示，以还原文物组团所反映的礼仪制度和历史背景。如刘家洼遗址 M1 出土的钟磬组合说明了周代社会"钟鸣鼎食"的社会制度和王公贵族宴享活动的豪奢排场（图3-46）。刘家洼遗址 M49 出土匜和盘的组合展出，表达了西周时期奉匜沃盥的礼仪习俗（图3-47）。利用汉代乐舞俑组合，尽量根据遗物出土原始位置，营造正在表演的乐舞活动现场，让静态的文物展示鲜活生动起来（图3-48）。唐代帝陵及贵族墓葬哀册残片的拼合加上对残缺信息的补全，完整再现了哀册内容（图3-49）。

图3-47　奉匜沃盥组合展示

图3-48　泾阳大堡子西汉墓地乐舞俑的出土现场和复原展示（组图）

图3-49 唐代皇帝惠陵出土哀册残片与文献记载拼合展示

（四）提问式标题的知识链接

作为展览内容的知识延伸，展厅内设有多处"知识链接"。"知识链接"从观众的角度出发，设置铜轮牙马车的发掘过程（图3-50）、秦汉砖瓦制作工艺对比（图3-51）等知识链接及"秦都雍城城市体系是怎样演变的"（图3-52）、"2000年前的国家仓库里藏着啥"（图3-53）、"唐长安城考古发现了多少遗址"（图3-54）

图3-50 知识链接：周原遗址贺家铜轮牙马车的发掘过程

等提问式标题，使用特定、具体和描述性的语言，吸引观众注意力，使观众在阅读的过程中产生思考、对话和共鸣。这些问题大多鼓励观众进一步仔细地观察展品，引导他们发现一些一眼难以发现及仅靠观察难以察觉到的展品的有趣特性，帮助他们更好地理解展陈对象的内涵。

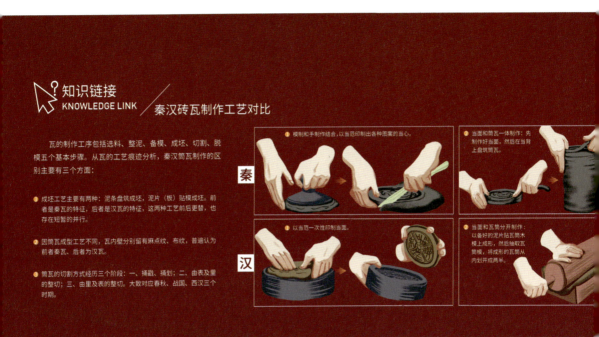

瓦的制作工序包括选料、整泥、备模、成坯、切割、脱模五个基本步骤。从瓦的工艺痕迹分析，秦汉筒瓦制作的区别主要有三个方面：

❶ 成坯工艺主要有两种：泥条盘筑成坯，泥片（板）贴模成坯。前者是秦瓦的特征，后者是汉瓦的特征，这两种工艺前后更替，也存在短暂的并行。

❷ 因筒瓦成型工艺不同，瓦内壁分别留有麻点纹、布纹，普遍认为前者秦瓦、后者为汉瓦。

❸ 筒瓦的切割方式经历三个阶段：一、捅戳、捅划；二、由表及里的整切；三、由里及表的整切。大致对应春秋、战国、西汉三个时期。

秦　❶ 模制和手制作结合，以当范印制出各种图案的当心。

　　当面和筒瓦一体制作：先制作好当面，然后在当背上盘筑筒瓦。

汉　❷ 以当范一次性印制当面。

　　当面和瓦筒分开制作：以备好的泥片贴瓦筒木模上成形，然后抽取瓦筒，将成形的瓦筒从内划开成两半。

图3-51　知识链接：秦汉砖瓦制作工艺对比

猜猜看
瓦当纹样是哪个时期的?

秦	秦	秦	秦
虎鱼纹瓦当	鹿雁蛙纹瓦当	葵纹瓦当	云纹瓦当

汉	汉	汉	汉
长生无极瓦当	来谷宫当瓦当	联珠纹瓦当	云纹瓦当

或绳切分割瓦筒。

刀割后再粘接当面。

图3-52　知识链接：秦都雍城城市体系是怎样演变的？（上）
图3-53　知识链接：2000年前的国家仓库里藏着啥？（下）

图3-54　知识链接：唐长安城考古发现了多少遗址？

（五）创造多样性的布展形式

　　展览托架是博物馆陈列设计中柜内设计的重要内容。托架包括展托和支架，其使用目的在于突出文物的形体美、色彩美、质地美，形成色彩层次，增强陈列的艺术氛围和效果。陕西考古博物馆的展陈托架在确保文物安全的前提下又特别重视展陈效果，重点文物定制展示支架，使一部分不便于公众观察和欣赏的文物呈现最好

图3-55　特殊展品个性化定制展示支架（组图）

的展示状态。在布展设计及实践中应用数量众多且形式多样的展托和支架，充分利用展柜空间，增加文物展示的视觉角度，更好地呈现文物的价值，为布展提供更多的可能性（图 3-55）。

（六）喜闻乐见的互动展项

人们最常回忆、记忆最持久的方面都与博物馆当中的一些物理情境有关，包括对展览环境和装置的感觉，即视觉、听觉、触觉及身体体验等方面的感受记忆。5800 平方米的展厅设置有 30 项物理互动、63 项多媒体互动。超过 70% 的展项设置的数字多媒体及物理互动装置构成的"科普线"，与考古编年谱系"陕西剖面"构建的学术主线相辅相成，对展示主题进行深化和延展，满足了不同层次人群的观展需求，提升了公众参与展览的热情，达成启智、悦心、共情的效果。

这些互动展项，促使观众将自身个体化的叙事体验自主地渗入、融汇其中并重构、校验展览主题及内容的意义。观众不再作为单纯的旁观者，而是可以动手参与其中。互动空间的创建不仅进一步提高观众参与度，也在另一层面有效促进了参观者的社交行为，形成一定程度的社交空间，使展览叙事能在参观群体内外产生讨论和启发性的共享，以实现"情感唤醒""兴趣激发""认知获取""行为促进"这四重观众参与途径的体系。

具体案例，如考古地层学和类型学、测年法、动物考古、植物考古等动画视频或互动游戏，还原田野考古场景的考古探方微缩模型；通过史前"零口少女"视频和实物的联动，展示体质人类学的研究成果；在介绍考古类型学时，通过多媒体介绍出土遗物的分类、型式分析过程，用图表介绍苏秉琦对宝鸡斗鸡台墓地出土陶鬲的分析，展示考古研究中遗物类型学的研究方法，并使用陶鬲模型和陶片，让观众通过观摩与触摸这些模型来体验在考古研究中如何根据器物的纹饰、形制来分类研究，并判断出不同类型陶鬲的相对年代（早晚关系）。

再如，轻敲陶鼓感受来自仰韶时期的远古乐器（图 3-56）。商周时期绳纹陶片、耀州窑瓷片的触摸互动展项，引导观众关注文物展品的外形、装饰和质地，加深对考古标本的理解和直观感受。利用文字迷宫，引导观众识读甲骨文。东周芮国

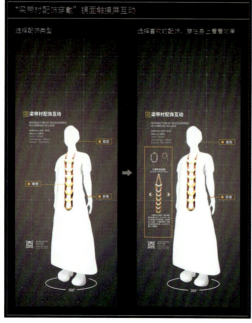

图3-56　仰韶中期千阳丰头
遗址出土陶鼓及复原（上）

图3-57　东周芮国贵族女性
多媒体穿戴互动（下）

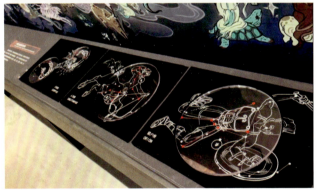

图3-58　汉代星象图复原及
衍生互动和"中西方星座对
比"转盘互动（组图）

贵族女性多媒体穿戴互动展项加深了观众对梁带村遗址出土女性饰品功能的理解
（图3-57）。对考古发现的具有星形、星数、图像、题名四要素的二十八星宿图（杨
桥畔渠树壕东汉壁画墓）进行二次创作，具象化北斗七星、伏羲、女娲、牛郎、织
女等图像，设置了与原图进行对照的翻牌互动，观众每翻开一张牌都会有一个生动
的图像映入视线，配合头顶复原的高清壁画原图，让人仿佛置身于墓室之中，沉浸
式认识中国古代二十八星宿（图3-58）。当观众拨动"汉代张安世墓沉箭式铜滴漏壶"

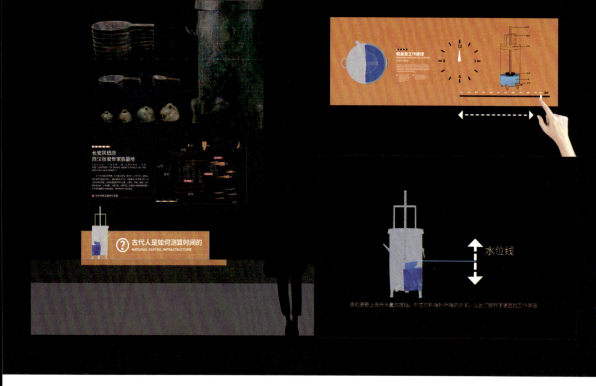

图3-59 "汉代张安世墓沉箭式铜滴漏壶"装置设计方案

装置台面上的时刻指针，壶内的水会从底部管状小口外滴，壶上刻有时辰的漏箭即逐渐下沉降落，指示时间的变化，从而直观地了解古代人如何测算时间（图3-59）。"陕西考古第一铲"、石峁遗址、统万城遗址的大型数字投影，突破展示空间限制，利用视频内容多角度展示城址类遗迹的宏伟壮阔和考古研究的深刻内涵。

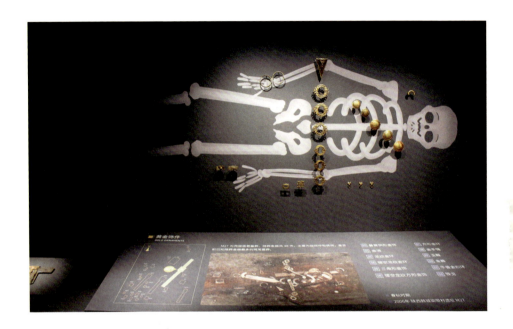

图3-60　梁带村芮国墓地M27随葬金器出土位置复原

（七）复现文物出土现场

　　展览不是赛宝，是研究、创新与阐释。展览的核心目的在于建立关联。如果展览只是把单独的器物摆在展柜中，简单标注名称、年代，那么没有相关知识背景的观众一定会茫然无措。每一件器物都有出土背景，如果不能将其放在关联背景中来展示，就很少有人能读懂它的内容，更无从认知它的历史、科学意义。展览在设计中突出了对文物出土现场的复现，如梁带村芮国墓地 M27 随葬金器展示复原了出土时的位置，辅以金器出土现场照片，让观众了解这些金器的大致使用方式与用途（图3-60）；利用文物复原吕大圭夫妇合葬墓 M12 壁龛随葬品出土现场情况，让观

图3-61　吕大圭夫妇合葬墓M12随葬品发掘现场和文物场景还原

众了解文物出土背景和原貌，赋予文物丰富的功能情境（图3-61），激发观众的好奇心、探索欲，让观众去进一步了解这些随葬品所反映的丧葬理念和供奉礼仪。

（八）遗址等比/微缩打印模型

　　为了讲好陕西"考古故事"，展览陈列中注入很多新元素，意在激发观众的求知欲和探索欲。如利用三维扫描打印技术，制作关中地区仰韶晚期至西周时期陶窑模型（图3-62），让观众直观感受史前至西周时期陶窑结构的演变和烧制技术的提升；制作石峁遗址护城石墙和外城东门址（图3-63）、雍山血池遗址车马祭祀坑T6906K9（图3-64）等遗址模型。这些模型能够更加直观地展示遗址信息，同时满足观众自主探索的诉求，帮助他们获得比平面照片所能提供的更加立体丰富的视觉和细节信息。

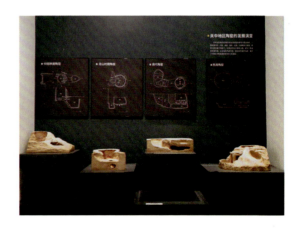

图3-62　关中地区仰韶晚期至西周时期陶窑形制的发展演变

图3-63　石峁遗址护城石墙和外城东门址全数据三维打印模型（上）

图3-64　雍山血池遗址车马祭祀坑T6906K9模型（下）

图3-65　石峁遗址护城石墙1∶1三维扫描打印模型（组图）

　　此外，为了展示气势恢宏的石峁城址，除了采用3D打印技术展现等比例缩小模型外，还结合展示空间复原了一段石峁"石墙"（图3-65）。石墙上内插圆木（被称为"纴木"）的孔洞，类似于现代建筑在混凝土结构中加入钢筋，起到保障建筑稳固的作用；将石雕文物本体嵌入石墙模型，观众可置身其中，用石峁人的视角去感悟那一段历史，观赏石雕上的兽面纹、龙纹、人面纹、虎纹并体验其带来的视觉震撼……

杨官寨的人群
PEOPLE OF YANGGUANZHAI

人口结构
GENDER AND AGE

　　杨官寨先民属蒙古人种东亚类型，女性个体略多于男性，约 1:0.9，死亡年龄主要集中在 25—55 岁，未成年个体也占一定的比例。

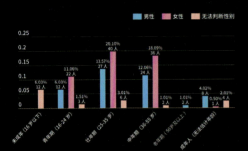

■ 偏洞室墓葬
PARTIAL CAVE CHAMBER TOMB

　　偏洞室墓是在墓道一侧掏挖洞室，置放逝者遗体。考古显示杨官寨居民 80% 使用这种墓式。此发现将偏洞室墓的出现年代提早了 600 多年，颠覆了之前对偏洞室墓起源、传播路线的认知。

■ 偏洞室墓时空分布图

（九）考古科技方法普及

　　展厅多处采用生动有趣的形式，向观众普及科学技术在考古中的运用，深入浅出地展现考古工作的过程和方法，加深观众对多学科知识综合运用的考古工作内涵的理解。如杨官寨人口结构和血缘姻亲关系分析（图3-66），刘家洼遗址 M49 贵族墓葬出土铜罐残留物检测分析（图3-67），靖边杨桥畔汉代墓地彩绘陶器颜料分析（图3-68）等。

血缘姻亲

CONSANGUINITY

据墓地内死者的 DNA 全基因组、锶同位素、碳氧同位素等分析结果，结合遗址内出土大型陶祖的现象，可以看出当时男性在生产生活中占据主导地位，女性系从外地嫁入，反映了族外婚的出现与男权社会的形成。

父系亲缘关系
······ Y 染色体多样性较低（主要是 Oα、Oβ），常见东亚支系（O、N、C、Q）

母系亲缘关系
······ 线粒体多样性极高，母系来源多样（A、C、D、G、MBa、Y、Z），常见东亚支系

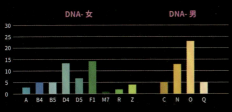

■ 杨官寨墓地男女碳同位素散点图

■ 杨官寨墓地男女碳同位素箱图

■ 亲缘关系鉴定

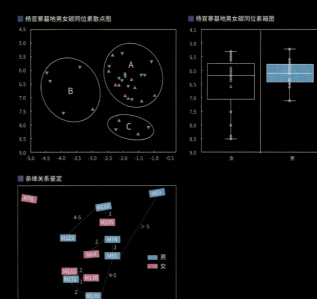

图3-66　杨官寨人口结构和血缘姻亲关系分析

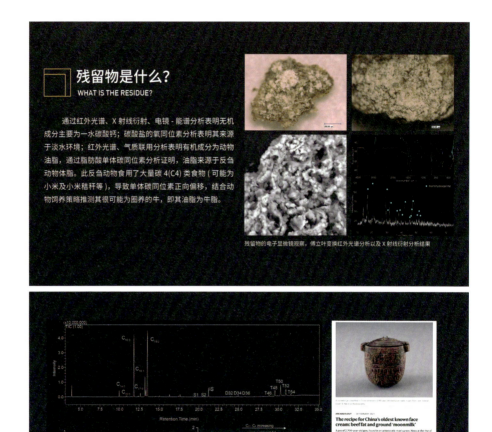

图3-67　刘家洼遗址M49贵族墓葬出土铜罐残留物检测分析（组图）

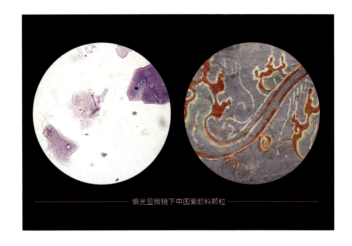

图3-68　靖边杨桥畔汉代墓地彩绘陶器颜料分析

（十）现场连线，直击田野

　　在"考古发现篇"结尾处，借助5G网络技术，通过"考古视频连线"（图3-69）将信息接收维度从展厅拓展到考古现场，把展厅变成考古信息中心，实时连线呈现考古工地实景，让观众直通考古现场，体会考古日常的平淡和辛苦。同时，在重要遗址发掘时刻，还可以将展厅播放画面实时切换至田野考古工作现场，使观众与考古工作者一起，从第一视角分享重要考古发现瞬间。

　　最后展览又以"考古公开课"（图3-70）、"考古人照片墙"将展示主体从古物、古人转变为考古人，对全部展览进行精神提炼和归纳，展示考古人孜孜不倦、上下求索的精神，也进一步赋予展陈情感和温度，增强整个展览的人文感染力。这些展项透物见人，重建历史，以今人见古人，与"考古历程篇"的考古人前后呼应。

图3-69　"考古项目发掘情况"多媒体查询屏（上）

图3-70　考古人访谈与考古公开课（下）

在几千年的历史长河中，每一位考古人看似渺小，却始终在散发光辉，正是这无数芥子之光照亮了整个须弥。从古文明到新时代，考古工作者在历史的长河中，以手铲为桨，以地层为浪，连接古今，守护时光。

（十一）展线延伸，增强体验

融合博物馆整体的唐风园林建筑风格，我们在室外空间布设了"陶语中国　一眼千年"标本墙（图3-71）、田野考古工作现场复原（图3-72）、汉唐道路遗迹和明代散水路面遗迹等，重在以情景化方式增强观众体验感。室外展示区的这些遗迹既是现场文物保护与提取的成果，也是考古博物馆"遗存"展示视角的体现，直观且具有极强的感染力。

总之，考古博物馆的展陈叙事语言既是考古的，又是博物馆的，二者融会贯通，是既科学严谨又通俗易懂的考古博物馆语言。这里有宏大旖旎的家国叙述，也有吃茶饮酒的生活日常。从一座墓葬的形制、一件遗物的年代、一块标本的质地和尺寸……这些最基础、最细碎也最生动的考古语言开始，复原出一个远古聚落的风貌、一个盛世都城的繁华，绘制出多元一体华夏民族的基因图谱和中华文明的灿烂历程，彰显中国考古学百年辉煌历程和考古人勇于奉献的精神。

图3-71 "陶语中国　一眼千年"陶瓷片墙展示区（上）

图3-72 田野考古工作现场复原（组图）（下）

考古聖地　華章陝西

Archaeological Holy Land
Magnificent Shaanxi

观 展

公之于众 活化遗产

一、宣传推广

（一）亮相

从 1921 年到 2021 年，中国现代考古学走过的百年历程艰苦而辉煌。中华民族文化与华夏文明根脉所系的陕西，为中国考古之圣地。以斗鸡台发掘为肇端，几代学人薪火相传，砥砺奋进，用众多考古实践揭开一页页溢彩华章，推动中国考古学的发展与进步。厚积薄发、奋发图进，中国考古的百年耕耘和陕西考古的 60 年积淀共同促成了陕西考古博物馆的建成开放。

2022 年 4 月 15 日，《中国文物报》刊登了一篇题为《写在陕西考古博物馆开馆之际：启航新征程　踔厉向未来》的文章，作者为孙周勇。这位作者的名字在《中国文物报》上并不少见，本无甚稀奇，只是这次，他的后缀有一点小小的改变——陕西省考古研究院（陕西考古博物馆）院长、馆长。这大概是孙周勇第一次在公开刊物上使用这个后缀，也意味着陕西考古博物馆正式亮相全国博物馆界，成为一名新生成员。

2022 年 4 月 16 日，经过紧锣密鼓的筹备，陕西考古博物馆开馆活动在西安市长安区新馆顺利举行，时任陕西省委书记刘国中、时任陕西省省长赵一德等领导共同为陕西考古博物馆揭幕，文化和旅游部副部长、国家文物局局长李群发布视频致辞，中国社科院学部委员、考古研究所所长陈星灿，时任北京大学副校长孙庆伟以及全国考古文博同人纷纷发来祝贺视频。

《寄语｜同心向未来》

李伯谦（北京大学考古文博学院教授、夏商周断代工程首席科学家）：

"4月16日，这是一个大家都不会忘记的日子。""从文明的发展、文明的连续性来看，可以说，这是独一无二的博物馆。""从旧石器时代开始，到新石器时代，一直到进入文明时代以后，它都有许多许多实实在在的见证。"

陈星灿（中国社科院学部委员、考古研究所所长）：

"陕西考古博物馆，开启了我国博物馆的一种新形态。""正如西安半坡博物馆是我国第一个正式对外开放的遗址博物馆一样，陕西考古博物馆又走在了时代的前面。"

孙庆伟（时任北京大学副校长）：

"对中国现代考古学百年最好的致敬，就是书写更多新的历史时刻。"

"当我们再次迎来中国考古的'陕西时刻'，也预示将要开启世界考古的'中国时刻'。"

陕西考古博物馆虽然是博物馆界的新生力量，但它的建成开放是国家文物局与陕西省人民政府合作共建"世界一流考古机构"，贯彻落实习近平总书记关于历史文化遗产保护和"努力建设中国特色、中国风格、中国气派的考古学"系列重要讲话和重要指示批示精神的具体行动，是中国考古事业发展的一件大事。同时，意味着陕西文化发展事业迈上了一个新台阶，也意味着陕西省考古研究院站在新的历史起点上，以更加积极、开放、有为的姿态面向社会公众。

很快，各大媒体如央视《新闻联播》、央视《朝闻天下》、《人民日报》、人民网、新华社、中新社、香港《文汇报》、《新京报》、陕西卫视、西安广播电视台、西部网、华商网、三秦网、《文化艺术报》等近70家，相继对4月16日陕西考古博物馆开馆的消息进行了广泛报道。展览开幕后，近10家不同类型的媒体从不同的角度与切入点就博物馆所涉及的考古故事、考古项目采访相关专家，并结合考古工地进行多维度的立体报道，在公众中引起了热烈反响。

《人民日报》｜《全方位展示考古发掘、保护、研究　陕西考古博物馆建成》

　　该馆以"考古"为主题，将文物与出土背景结合，以考古的视角解读遗址，讲述属于考古和考古人的故事，勾勒中国考古和陕西考古的发展脉络，展示中华文明多元一体、相融并蓄的总体特征，使公众走近考古、了解考古，与社会共享遗产保护成果。

《人民日报》评论｜《全国首座考古学科博物馆，为何引人关注？｜睡前聊一会儿》

　　山之有本，方巍峨高耸、雄踞厚土；水之有源，方为雨为露，为泉为渊。陕西考古博物馆的常设展览以中国金石学的开端《考古图》为开篇，勾勒出中国考古学科的演变脉络。

新华社｜《首座考古学科专题博物馆在陕西建成》

　　博物馆中，有多件以全新理念和先进技术进行保护修复的展品，如通过浇灌石膏液体获得完整形态的周代木俑、历经千年真颜仍驻的唐代牵驼俑，还有整体"打包"后完整搬进博物馆的西周时期车马坑和元代壁画墓。此外，还不乏石峁遗址的石雕与玉器、西周时期的青铜器、汉文帝霸陵陵区的陶俑、将首次与公众见面的颜真卿书丹《罗婉顺墓志》等许多珍贵文物。

香港《文汇报》｜《五一出游好去处！港人带你探秘全国首座考古学科专题博物馆》

　　短短两个多小时，却跨越了一百多万年的历史，穿越了十几个朝代，就像补了一堂生动的中国历史课，我想这也是作为中国人的必修课。

《中国艺术报》|《全国首座考古学科专题博物馆来了》

　　陕西省考古研究院作为全国成立最早、规模最大的省级考古研究机构，以百年考古取得的辉煌成就和卓越的研究能力为后盾，率先提出建设考古博物馆的构想，历经十余年的筹划建设，终于在 2022 年全面建成全国首座考古学科专题博物馆。

在微信公众号上，陕西省考古研究院原有官方微信公众平台账号"考古陕西"也相继策划了系列推文，介绍展览概况、回顾筹建过程，用细致的第一手资料向公众全方位介绍陕西考古博物馆。

《全国首座考古学科专题博物馆——陕西考古博物馆正式建成》

　　我们将以省部共建活动为契机，以陕西考古博物馆开馆为开端，以创建世界一流考古研究机构为目标，坚持开放合作、共享共赢的理念，秉持"赓续文化、传承文明"的学术初心，肩负"厚植文化自信、助力民族复兴"的学科使命，践行文化遗产保护者、中华文明诠释者、中华文化传播者的历史责任，力争在 2030 年将陕西省考古研究院建设成为国内一流、世界领先的具有示范性、影响力和话语权的考古机构，为建设中国特色、中国风格、中国气派的考古学贡献陕西力量，为实现中华民族伟大复兴的中国梦奉献陕西智慧。

《考古圣地　华章陕西——陕西考古博物馆试行开放》

　　终南有典藏，前对终南山。历经十三年的筹备与建设，陕西考古博物馆于终南苍苍时，怀满园春色，邀各方共游。

（二）持续

1. 推送，让展览活跃在每个人的手机里

　　2023 年 4 月 6 日，在博物馆开放运行即将一周年之际，根据开馆近一年公众平台的账号运营情况，开通"陕西考古博物馆"微信公众号，固定推送博物馆公告、票务信息、活动信息、文创信息等内容。关注者们对基本陈列展览给予高度评价，对考古人的担当、展览的教育意义、展示内容、展品文物、展陈设计、展示手段和观众服务等方面给予了充分肯定。

　　　　若水："考古人的责任担当，架起公众与考古的桥梁，致敬考古人！"

　　　　老徐："考古人辛苦了，很期待参观，感觉非常震撼。"

　　　　聆听成长的声音："赶在开馆第一天就去了，很震撼！一次看不够，还会再去的。"

　　　　文博自救指南："陕西考古博物馆在专业普及性、文物丰富度、体系成熟度、交流互动性上都是绝对的优秀，综合体验很不错。主体展馆主要分三层，以陕西重大的考古发现为主，辅之以时间顺序，为大家介绍了陕西这些年在考古文博上所取得的成就，非常专业。展厅设置了大量的互动环节，比如摸摸陶瓷片、拍拍复原鼓等，让观众能够更进一步地接触文物，这点非常赞。当然最最厉害的还是三楼的让过去拥有未来的科技考古系列，这个系列让我深刻意识到考古工作者的伟大之处。"

　　　　sodarainchen："非常棒～新场馆、新设施、新服务团队，全体精神饱满亲切，来西安的朋友麻烦都走一趟！博物馆既然以考古命名，又背靠陕西省考古研究院这头'大牛'，势必要好好从考古角度深入浅出地向普通群众介绍陕西省乃至全国的文物挖掘研究工作成果。因为新，能看到非常

多考古挖掘修复后首次展出的文物；因为能，会一件件举例展示文物修复的
过程。"

2. 发布，让文物跳跃在每一块屏幕中

2022 年 4 月 28 日，陕西考古博物馆面向公众开馆之际，开设微博账号"考古
陕西"，主要发布陕西考古博物馆开馆公告、日常工作报道、展览宣传、学术讲座
预告以及转发重要文博资讯等。2022 年"5·18 国际博物馆日"，联合微博文博、
天津博物馆、秦始皇帝陵博物院、汉唐三三，共同推出《博物馆里真的只有文物吗》
微博电台直播节目，观看量达 42.3 万人次。2023 年"5·18 国际博物馆日"，推出《考
古知识快问快答》活动视频，观看量达 14.7 万人次。截至 2024 年 6 月，拥有粉丝 1.1
万人。积极参与 # 微博上新了 #、# 五四青年节 #、# 国际博物馆日 #、# 博物馆奇
妙漫游 #、# 我们都爱博物馆 # 等话题活动，最高阅读量达 90.2 万人次。

除此之外，我们原创的 # 探古知史 #、# 知微见著 #、# 一起来找找印章上的文物 #、
二十四节气 # 等话题，以及特殊节日话题的科普小文，也备受欢迎，最高阅读量
达 51.9 万人次。

探古知史

揭秘！古装影视剧中，浪迹江湖的武者、游历河山的文人腰间所佩带的刀
剑、暗器、酒壶、折扇等为何不松不落？这都要归功于他们的"腰带"。而蹀
躞带就是其中的典型代表，这种革带上钉有若干枚带銙，銙上备有小环，在小
环上便可以悬挂各种日常用具。

这件八环白玉蹀躞带出土于咸阳底张湾北周若干云墓，由玉带扣、玉扣柄、
镂空透雕柿蒂纹玉方銙、附环玉方銙、偏心孔玉扣环、玉铊尾组成，共 21 件，
出土时就系在北周官员若干云腰部，应是他生前使用的玉带。而玉带中间的小

刀应该就是出行时所带的日常工具，附挂在小环上。这也是迄今所见考古发掘出土的时代最早的完整玉带具。此副玉带由于长期埋在地下，年代久远，其他连接部分皆已腐朽，但玉质洁白无瑕，细腻莹润，玉质坚硬，抛磨光亮如镜，光可鉴人，制作工艺极为精湛。

知微见著

神圣工巧，匠心独妙，古器物上通常都有着丰富的装饰，有些繁复华丽，有些微小细致，本系列将用微观的视角看文物，向大家介绍文物上的细微之处。

这件人形玉佩出自梁带村第 26 号墓，出土时位于墓主腰下右侧，可能是墓主生前佩戴之物。玉质细腻润泽，微透明，玉色为豆青色，是青白玉，但因受沁局部略泛黄色。玉佩采用阴刻等手法雕刻出了一位站立的人物形象，是一件圆雕作品。玉佩刻画最细密之处在于发束，头顶有两个龙角形的束发，而额后则刻画出了更加细密的发丝，每毫米有 5 根，且互不交错。面部还刻画出了"野生眉"，眉毛根根分明。她身着阔领斜襟齐肩长袍，右侧开衩，双臂自然下垂，双手交握于腹部，腰间还垂有蔽膝，遮盖腿部，端庄秀丽，形体写实，应该是西周时期的贵族女子形象。

一起来找找印章上的文物

这组一大一小，纹饰独特的"四不像"叫作牺尊，出自宝鸡石鼓山商周墓地 M4。以鹿首凤纹为主体造型，身上还装饰了各种繁密的动物图案。

它们头顶一对柱形龙角与鹿角交错，两只耳朵细长竖起，仿佛在侧耳倾听；圆咕噜噜的眼睛，似是在打量周围环境，灵动可爱；身体两侧还有鱼鳍一样的凸起；前腿直立，后腿微微弯曲，好像在驻足静立，又好像要跃起奔跑，欲行又止，极具感染力；而脚部却不同于猪、牛之类的动物，有明显的爪趾。身上还装饰了凤鸟纹、兽面纹、夔龙纹、双身蛇纹等，像是一件华丽的外衣包裹了它们结实浑圆的身体，凸显美感。然而它们在现实生活中并不存在，应是古时人们想象中的瑞兽，集合了水、陆、空多重动物的特征，就演化成了"保护神"的形象。虚实结合，似动又静，有着沟通天地、交际人神的象征意义。

#二十四节气·雨水#

　　雨水是二十四节气中的第二个节气（图4-1）。此时，气温回升、冰雪融化、降水增多，故取名为雨水。古人眼中的雨水物候标识是：一候獭[tǎ]祭鱼，二候鸿雁来，三候草木萌动。雨水时节，冰雪消融，水里的鱼儿也醒了，活跃的水獭开始捕鱼了，将捕到的鱼儿在岸边摆成一排，如同祭祀一般。雨水时节，鸿雁开始从南方飞回北方，草木随着春雨开始抽出新芽，大地即将春意盎然。

　　雨水时节，鸿雁归来。鸿雁，即大雁，鸟纲，鸭科，候鸟，一般认为中国家鹅起源于鸿雁。鸿雁常栖息于旷野、河川、沼泽和湖泊的沿岸。在我国东北一带繁殖，长江中下游一带越冬。古代人们认为鸿雁是具有仁、义、礼、智、信五种品行的鸟。鸿雁也一直被赋予守信忠诚、高贵纯洁的寓意。

3. 上传，让考古浸润每一个人的生活

　　同在开馆之际，我们开通了B站账号"考古陕西"，成为一个up主（视频上传者）。依托这一平台，推出《国际博物馆日！@考古陕西　来B站了，让过去拥有未来～》《全国首座考古学科专题博物馆，快来打卡～》《高燃110秒！我们为什么要去博物馆？》等主题片；结合明星文物策划"灵魂画手向文物下手了"系列活动；配合荣获第二十届（2022年度）全国博物馆十大陈列展览精品奖，推出《陕西考古博物馆》视频介绍；在"5·18"国际博物馆日当天，推出"考古知识快问快答"活动。

图4-1　"考古陕西"微博账号#二十四节气#推送海报

国际博物馆日！@考古陕西　来 B 站了，让过去拥有未来～

2022 年，博物馆开馆之际，于"5·18"国际博物馆日前开设 B 站账号"考古陕西"，并推出《国际博物馆日！@考古陕西　来 B 站了，让过去拥有未来～》宣传片介绍陕西考古博物馆。该馆总建筑面积 36000 余平方米，其中，博物馆本体建筑总面积 10700 余平方米，展陈面积 5800 平方米，另有室外展陈区域 10000 平方米。博物馆陈列展示包括常设展览和临时展览两部分，常设展览以"考古圣地　华章陕西"为主题，展出文物 4218 组 5215 件，分为考古历程、文化谱系、考古发现、文保科技四大篇章。临时展览主要用于展示最新重大考古发现和专题研究成果。此外，室外还有历代砖砌、石刻文物、陶瓷标本等专题展示区。

全国首座考古学科专题博物馆，快来打卡～

此宣传片与 up 主"中国建筑"合作推出，介绍了陕西考古博物馆由中建集团旗下中建西北院设计建造，这是中国第一座考古学科专题博物馆，集科研、公众教育和社会服务于一体，重点展示考古工作和考古学科发展。

高燃 110 秒！我们为什么要去博物馆？

此视频与 up 主"安州牧"合作制作，在 2022 年的"5·18"国际博物馆日发布。在博物馆里，可以看到 1960 年邠县下孟村出土的陶钵、1980 年秦咸阳城宫殿遗址出土的龙纹空心砖、1997 年华县泉护村出土的彩陶盆、1999 年宝鸡石嘴头遗址出土的陶斝、2005 年潼关税村隋墓出土的陶俑、2009 年蓝田新街发现的动物形鼎、2013 年宝鸡石鼓山商周墓地出土的牺尊、2016 年神木石峁遗址出土的石墙纴木、2017 年澄城刘家洼出土的芮公鼎、2018 年南郑疥疙洞发现的人类牙齿化石、2019 年咸阳坡刘墓地出土的十六国陶俑、2021 年泾阳大堡子汉墓出土的乐舞陶俑。如果将这些串联起来，能看到百年考古梳理出的文明脉络。

"灵魂画手向文物下手了"

选取周代木俑、箕踞姿俑、蓄茜像等明星文物，每一幅作品通过一圈、一横、一撇，抓住了文物的精髓、动态、神情，非常传神又有趣，从另类的角度让大家记住了展线文物的特点。

"考古知识快问快答"

2023 年的"5·18"国际博物馆日，推出"考古知识快问快答"活动。采取随机寻找游客线下提问的方式，游客可在展厅内寻找相应答案，答对问题可获得精美文创纪念品一份。本次活动的目的就是让游客在主动寻找答案的过程中能够加深对考古的认识、对文物的了解，增长考古知识；同时提高博物馆的参与性、互动性，让游客感受到寻找答案的乐趣，使观众与博物馆或展览产生更多的联结。

（三）深入

与各大媒体合作，通过深度报道、专题节目等形式，深入挖掘展陈特色、藏品特点及背后的考古故事，丰富宣传形式，加大宣传力度。

江苏广电荔枝新闻《陕西考古博物馆开放日 VLOG（视频日志）》

通过 VLOG 形式，介绍陕西考古博物馆概况、作为全国首座考古学科专题博物馆建成开放的初衷，以及分享后续活动计划。

陕西广电融媒体集团《中国·考古》

　　为落实习近平总书记在中共中央政治局第三十九次集体学习时重要讲话精神，以及总书记多次关于文物保护工作的重要指示批示精神，在中央网信办、国家广电总局、陕西省委宣传部、陕西省委网信办、陕西省广电局指导下，由陕西广电融媒体集团（陕西广播电视台）负责制作《中国·考古》。该节目采用现场纪实和跨越时空的故事讲述等多种形式，邀请田野考古、文物保护、科学研究等多领域专家学者走进演播室，讲述考古人自己的故事，弘扬中华优秀传统文化，展示陕西考古与文物保护工作的新成果，让文物"活起来"。

中央网信办"盛世中华　何以中国"

　　在中央网信办、国家文物局、人民日报社、陕西省委网信委指导下，中央网信办网络传播局、国家文物局相关司局、陕西省委网信办、人民网在陕西西安联合组织开展"盛世中华　何以中国"网上主题宣传活动。习近平总书记两次主持中共中央政治局集体学习，强调要让更多文物和文化遗产活起来，营造传承中华文明的浓厚社会氛围。全国文物工作会议要求发挥文物资源的独特优势，讲好中华文明故事，引导干部群众增强历史自觉和历史自信，激发奋进新征程、建功新时代的磅礴力量，深入贯彻习近平总书记重要讲话精神。

陕西广电融媒体集团（台）都市广播《好听的文物》

　　陕西广电融媒体集团（台）都市广播于2022年推出的系列广播剧《好听的文物》，通过广播剧充分展示陕西省博物馆的文博资源，展现声音特色，表达年轻化，吸引青年一代更加关注文物所承载的灿烂文明和民族精神。围绕"秦"的主题，用戏剧化的表现方式让文物"发声"，通过生动有趣的故事情节引领观众走进历史，与曾经的人物对话，与过往的生活碰撞，让沉睡千年的文物重新通过年轻人喜闻乐见的方式"活"起来，让精品文物继续"讲"出精彩的故事。

西安广播电视台融媒体中心"这里是西安"栏目

"这里是西安"栏目立足于西安本土文化，挖掘城市变迁背后的历史文化渊源，内容涉及历史遗迹、馆藏文物、传统文化的解读，历史人物典故，非物质文化遗产传承保护，重大考古发现，丝绸之路的人文历史等。与陕西考古博物馆深度合作，展示该博物馆作为考古学科专题博物馆，如何将文物与出土背景结合，以考古的视角解读遗址。同时，全面介绍创新的馆展形式、功能以及文物的独有性、考古新亮点，让公众走近考古、了解考古，共享文化遗产保护成果。

群众新闻网《风从千年来——文物里的音乐故事》

群众新闻网策划《风从千年来——文物里的音乐故事》系列短视频。通过探索年轻化、多元化的文物传播方式实现传统文化的创造性转换，让文物焕发新的生机，让文物故事勾勒出可视化的古代文明图景。该项目已入选2022年陕西省重点外宣项目。

《华商报》"陕西文物探探探"栏目

《华商报》"陕西文物探探探"栏目走进陕西考古博物馆，通过《唐高祖李渊五世孙女李倕"金花冠"复原揭秘》《李唐皇室宗亲和"考古学鼻祖"他们的墓葬如何防盗？》《法门寺塔基地宫藏逾千年　唐代皇室华服如何展新颜》这三期视频，带领游客深度探访陕西考古博物馆，了解文物发掘、修复背后的故事。

"西安发布"平台"非凡十年　我们见证"主题影片

"西安发布"平台在党的二十大召开之际，推出"喜迎党的二十大融媒体系列视频报道"，以"非凡十年　我们见证"为主题，以陕西考古博物馆为视角，探索文博领域十年发展，以更好地展现近年来让"文物活起来"的西安。

宣传将博物馆与媒体的互动贯穿其中，将新闻报道、深度报道、专题报道相结合，形成了完整、全面、具有冲击力的宣传体系。我们在与各类媒体的合作宣传推广下，在同行的口口相传中，灵敏地寻找特色与亮点，形成报道矩阵。"考古圣地华章陕西"展的宣传工作取得了不同凡响的效果，打造了空前的影响力与知名度，极大地彰显了博物馆的职能，为今后的宣传提供了参考。

二、服务教育

（一）讲解服务的高质量

1. 打造讲解队伍

讲解是展览和观众之间的重要桥梁，有效的讲解能够更好地向公众解读展览的内容，起到社会教育宣传的作用。"考古圣地　华章陕西"展这样的考古行业专题陈列，具有专业性强、内涵丰富、理解门槛较高、社会关注广泛等特点，讲解工作的重要性更不言而喻。由此我们专门开展了讲解员的培训工作，由社会教育部主导，集合省内讲解专家、本院（馆）各研究室的考古专家倾力指导，严格审核讲解内容，

图4-2　讲解服务游客（组图）

不断打磨讲解词，开展系列专业课程，深入考古发掘现场，从知识储备、讲解技巧、接待礼仪等多方面进行了综合训练，打造了一支专业度高、灵活性强、形象优秀的讲解队伍。

2. 讲解服务游客

　　本馆自 2022 年 4 月 28 日开馆以来，始终坚持观众本位的服务理念，在不断完善配套设施的过程中，先后开展了免费定点讲解、提供收费讲解器、团队预约讲解等服务（图4-2）。

图4-3　语音导览器

　　为期4个月的试运营期间，本馆采取免费定点讲解的方式，在9:30、10:30、14:00、15:00分别进行一场定时讲解，每场讲解时长90分钟，节假日期间，通过增加每日的讲解场次来满足更多观众的讲解需求，共完成免费定点讲解373批，吸引了大量游客驻足聆听，服务游客14000余人。针对讲解服务还设置了专门的调查问卷，内容涉及对讲解方式、讲解时长、讲解内容等方面的满意度和相关的意见建议。

　　结合观众的评价和建议，为了提升讲解质量，我们选用了专业的耳机讲解设备，采取精品讲解的形式，不仅能够使观众获得更清晰的讲解体验，更能保障展厅中观赏空间的安静、舒适。自2022年9月投入使用至2024年6月，已经为6441名观众提供了1095场专业讲解服务，收到了观众的大量好评。

　　此外，为了丰富讲解服务形式，满足不同人群的讲解需求，弥补人工讲解接待量有限的不足，本馆引入了展览配套的语音导览器（图4-3）500台，其中包含近300个点位的讲解内容。观众可以根据游览需要，随时播放对应讲解内容，更加符合个性化观展需求。通过电子导览器平均每日提供讲解服务约250人次，开馆至今共为超35000位观众提供了讲解服务。

3. 讲解传播文化

2022 年 5 月 27 日，习近平总书记发表了"把中国文明历史研究引向深入，推动增强历史自觉坚定文化自信"的讲话，在党中央的带领下，各级党政机关、企事业单位都积极响应重要讲话精神，学习中华文明的深刻内涵。讲话中提道"中华文明探源工程等重大工程的研究成果，实证了我国百万年的人类史、一万年的文化史、五千多年的文明史"，而陕西的这些重要研究成果，都集中展示在我院（馆）的"考古圣地　华章陕西"展中，因此吸引了各党政机关前来参观学习。

为了满足学习需求，本馆专门开设了专题讲座和主题讲解。孙周勇院长通过线上和线下的形式，开展了多次"中华文明探源工程与石峁遗址考古发掘和研究"相关主题的讲座。针对中华文明探源的研究课题，专门对讲解员进行主题培训，让他们在对考古遗址和出土文物的阐释传播过程中，能够更生动、形象地讲好中华文明故事，讲清楚中国的文明特质和独特文化，做好中华文化的传播使者。

在一支素质过硬的讲解队伍保障下，本馆自 2022 年 4 月 28 日开馆至 2023 年 6 月，共完成公务讲解约 700 批，服务了约 13000 人，良好地发挥了作为文化宣传阵地的作用。

同时，作为陕西省考古学研究和交流的一个重要平台，陕西考古博物馆吸引了大量考古、博物馆等相关同行前来参观交流，不仅陕西省内的陕西历史博物馆、秦始皇帝陵博物院、西安碑林博物馆、西安市文物保护考古研究院等单位经常来访，还有许多国内或世界知名博物馆如山西博物院、四川博物院、成都金沙遗址博物馆、南京博物院、秘鲁印加博物馆、匈牙利国家美术馆、西班牙阿利坎特考古博物馆等也纷纷前来交流，互通有无（图 4-4 至图 4-8）。

此外，陕西考古博物馆也深受考古学、文物与博物馆学、历史学、艺术学等专业学生的喜爱，在这里可以使书本中的知识串成线、变得具体可感更易于

图4-4　2023年2月10日，中国博物馆协会理事长刘曙光来馆调研（上）

图4-5　2023年4月24日，乌兹别克斯坦文化遗产署国际合作和世界遗产地保护司司长阿里贝克·拉苏洛夫来馆考察（左中）

图4-6　2023年2月6日，国家文化公园建设工作领导小组一行来馆调研（右中）

图4-7　2023年2月19日，爱尔兰驻华大使安黛文来馆参观（左下）

图4-8　2023年6月9日，国家发改委领导来馆调研（右下）

图4-9　2022年7月30日，"小葵花"阳光关爱活动

理解，是专业学习和研究的理想进修场所，北京大学、西北大学、香港中文大学、西北工业大学、西安交通大学、陕西师范大学、广州美术学院、东北师范大学等多所高校的相关专业都组织学生前来参观学习，也有更多的文博专业学生和爱好者自发前来，多次"刷"展，受益良多。

博物馆也是教育引导青少年、儿童更好认识和认同中华文明的重要基地，促使他们能够在汲取中华文化精粹的过程中逐渐成长为有志气、有骨气、有底气的中国人。为了充分彰显博物馆作为社会文化教育机构的重要作用，让历史、文物说话，传承祖先的成就和光荣，增强民族自尊和自信，陕西考古博物馆为青少年提供优质的学习资源和平台，让孩子们走进博物馆（图4-9）。除了举办相关的青少年研学、青少年博物馆课程等社会教育活动外，还邀请各学龄段学生参加主题参观活动。

图4-10　考古知识快问快答——与公众答题互动

（二）文博节日的欢乐

1.“5·18”国际博物馆日

　　2023年的国际博物馆日，本馆特别推出“考古知识快问快答”活动（图4-10），希望通过线下考古知识问答的方式，让公众参与到博物馆中来，搭建起博物馆与公众沟通、互动的平台，加深公众对考古博物馆的认识、对文物的了解。我们还为答对问题的游客准备了精美的文创礼品，游客不仅参观了博物馆、参与了活动，还可以将精美文创礼品带回家。

　　活动共设置18个问题，分为文字题、图案题两种题型，所有问题的答案都在展板或展柜中。文字题包括5个类型：考古历程类，关于中国考古学与陕西考古学的发展历史，比如"陕西科学考古的开端是在哪个遗址"；考古知识类，关于考古学的基础方法与理论，比如"考古中常见的土质土色有哪些"；重要遗址类，关于陕西考古发现的著名遗址、墓葬，比如"在陕西的哪个遗址中发现有大量精美的石雕"；精美文物类，关于本馆最受欢迎的几件文物，比如"第三展厅中，文吏俑手中拿的是什么"；科技考古成果类，关于展厅中涉及的考古学前沿修复、发掘、研究技术，比如"采用了实验室微观发掘的展品是什么"。

图案题目出自本馆之前推出的＃这你都猜不出来吗＃系列灵魂画手猜图活动，将本馆的标志性文物，通过简笔画的方式进行生动的描绘，突出文物的特点，抓住文物的精髓。游客以画为线索，在展厅内寻找相应的文物，答出文物的名称并拍照记录。

活动采用抽题方式，将问题打印于 A4 纸上，并自制抽题筒。除此之外我们还制作了带有博物馆 Logo 的发卡，活动期间工作人员头戴这些发卡，十分醒目，便于游客发现并参与活动。

此次活动具有很强的参与性、互动性、趣味性，游客们都积极参与，努力寻找，踊跃答题。游客在主动寻找答案的过程中能够加深对考古的认识、对文物的了解，增长考古知识；同时提高了博物馆的参与性、互动性，让游客感受到寻找答案的乐趣、体会到活动的意义。活动最后我们还对参与的游客朋友做了采访，得到了他们的一致好评。他们纷纷表示，这次活动的互动性很强，很有参与感，他们在找答案的过程中对文物更加熟悉了，如果后续有类似活动还会参与。

2. 文化和自然遗产日

2023 年 6 月 10 日，是当年度的文化和自然遗产日。本馆举办了"千年之路，耀世之车"系列博物馆课程内测（第一期）。课程依托博物馆展出的、整体打包搬迁的贺家村铜轮牙马车，通过知识课堂＋三维模型展示＋迷你模型制作等形式，找出古今马车间跨越了 3000 年的联系，带领课程参与者理解古代马车的

图4-11　"千年之路，耀世之车"系列博物馆课程（组图）

各个重点部位，参与互动制作属于自己的小马车。

课程设计经历了长时间的磨合调整。3月开始，确定将周原贺家铜轮牙马车作为"出行"系列课程内容之一，以介绍马车的发展、制作、使用、礼仪及与现代生活的联系为目标，穿插讲述考古学基础知识与研究成果，设计教学大纲；采集贺家铜轮牙马车相关数据，制作三维模型。4月，设计详细课程内容，并绘制插图、制作教学课件；结合专家意见，修正三维模型细节。5月，设计手工体验内容，进行实践测试，并制作材料包。6月，开启课程内测招募。

活动当天，首先开展的是"知识课堂"（图4-11），主讲老师通过播放PPT的方式为小朋友解读古今马车间跨越了3000年的联系，介绍古代马车的各个重点部位，通过梳理考古发现与文献记录，寻找最早的马车的痕迹。课程中主讲老师以提问的方式与小朋友互动，小朋友踊跃发言，他们的积极回答展现了其极为丰富的文博考古知识储备，也给我们带来很大惊喜。

然后通过展示数字化复原铜轮牙马车的"三维模型"，与小朋友一同欣赏铜轮牙马车的豪华与气派，加深对铜轮牙马车的理解。

最后通过"迷你模型制作"，让小朋友们动手参与到课程当中，分组制作属于自己的小马车。虽然过程具有挑战性，但每一位小朋友都是"手工小达人"，创造出了独一无二的四马驾车；并通过举手投票的方式，选出了最受欢迎的三辆小马车。

活动结束后，我们也收到了许多来自小朋友和家长的反馈，他们对教育课程的改进提升提出了很多切实的建议。我们汇总调查问卷并进行了分析总结，后期将完善课程设置，优化活动内容，持续推出课程活动。

（三）暑期活动的丰富

1. "触摸悠久历史，体验古代文化"暑期夏令营

2022年6月30日至7月5日，本馆与秦始皇帝陵博物院联合举办了"触摸悠久历史，体验古代文化"暑期夏令营（图4-12），以秦始皇陵"十大精品陈列——青铜之冠：秦陵彩绘铜车马"和"十大考古新发现——江村大墓（汉文帝霸陵）"为重点，依托秦始皇帝陵铜车马博物馆和陕西考古博物馆两座博物馆，让学生通过各类课程活动，了解秦汉时期历史和考古、生物、文物相关基础知识，体会先民的智慧，激发民族自豪感，提升文化自信心。

夏令营行程为六日五晚。第一天报到并进行安全教育、活动说明；第二天在秦始皇帝陵博物院举行开营仪式，进行参观并体验修兵马俑活动和"学编秦发髻"活动；第三天在秦始皇帝陵铜车马博物馆研学，参加"精品自秦出——透过3D识车轮""秦的标准化——弩机测量""认识秦俑色彩——颜料的采集"和观测秦陵活动；第四天在江村大墓参观学习，在考古博物馆学习考古基础知识和"探方日记"撰写；第五天参观陕西考古博物馆的铜轮牙马车、第一展厅、

图4-12　"触摸悠久历史，体验古代文化"暑期夏令营（组图）

第三展厅，学习"重返这片土地"生命教育课程、"认识纹饰"艺术创意课程；第六天参加"艺术万花筒"实践课程，在陕西考古博物馆举行闭营仪式。

课程活动以人为本，以学生为核心，将"考古圣地　华章陕西"展作为依托，延伸至"十大考古新发现——江村大墓（汉文帝霸陵）"考古现场。各类课程活动不仅在知识储备和文化教育方面达到了预期的效果，还培养了学生们团结友爱、互帮互助的品质，使他们的实践能力得到了充分的发展。

2. "感悟历史　探秘考古"文博考古研学夏令营

2022 年 8 月 15 日至 18 日，本馆与陕西历史博物馆联合特别推出了"感悟历史　探秘考古"文博考古研学夏令营（图 4-13）。

此次夏令营研学活动以博物馆为视角、以考古工地为依托，通过参观、讲座、体验、互动等多种形式，将课堂从学校搬到陕西考古博物馆和周原遗址、秦雍城遗址、汉文帝霸陵等考古遗址现场，让学生在深入了解陕西重要文化遗存和陕西古代文明在中华历史与文明进程中的重要地位的同时，零距离接触考古，感受考古工作的辛勤与魅力。

周原是周文化的发祥地和灭商之前周人的聚居地，素有"青铜器之乡"的美誉。周原遗址指的是岐山、扶风两县接壤处的周原核心区，面积达 30 平方千米。这里不仅承载着厚重历史，也是新中国成立后最早开展考古工作的遗址之一，正是一代代考古人在这里倾注心血，才有了今天的成就。同学们跟随周原遗址考古队的杨磊队长，一起探访周原遗址大城东门的考古发掘现场，上了一堂精彩绝伦、妙趣横生的田野考古课：从周原的城市布局、水系规划、建筑基址等方面介绍周原遗址的发掘成果，并现场教学何为"刮面""打探铲"，如何通过土质、土色来划分地层，判断和确定相对应的年代。同学们也兴趣十足，和基地的各位老师互动连连（图 4-14）。

图4-13 "感悟历史 探秘考古"文博考古研学夏令营招募海报

图4-14　"感悟历史　探秘考古"文博考古研学夏令营（组图）

　　秦雍城是秦国历史上极为重要的一座都城。从德公元年到献公二年的294年间，19位国君在此治国理政，雍城是秦的都城中延续时间最长、执政国君最多的一座都城，是秦国发展史上一座重要的里程碑。雍城遗址考古发掘负责人杨武站老师在工作站为大家介绍了秦雍城遗址的概况及目前考古已发掘的情况，整个雍城遗址由城址区、秦公陵园、国人墓葬、郊外建筑遗址和祭祀遗址等组成。在同学们对雍城遗址有了整体认识后，杨队长带领大家去实地参观正在发掘的区域"瓦窑头建筑遗址"，并手把手地教大家如何使用洛阳铲来钻探，以及如何通过钻出的土层来辨别土质、鉴定遗址区域。随后，同学们分成四个小组，进行考古勘探体验。从理论到实践，不仅加强了同学们对历史文化的学习，更让大家在劳作中对中国考古有了更深的体会，同学们对考古人的敬佩之心油然而生。

　　同学们还在霸陵遗址考古基地参观了文物修复工作室，考察了霸陵遗址中目前正在发掘的外藏坑遗迹，了解了汉代帝王墓葬外藏坑的格局及文物出土时的状态，对神秘的汉代帝陵有了更直观的认识。

　　通过此次夏令营研学活动，营员们对考古和历史文化有了全新的认识，不仅开阔了视野、拓展了思维、产生了深入探究中华优秀传统文化的兴趣，更在心中埋下了热爱祖国优秀历史文化的种子。

3. "大秦可考记"之两日研学营

　　2023年7月27日至28日、8月10日至11日，本馆与秦始皇帝陵博物院联合打造"大秦可考记"两日研学营课程（图4-15），共分两期，每期两日，依托陕西考古博物馆、考古现场、秦始皇帝陵博物院三处重要博物馆与遗址，从秦的发展史与秦的物质文化角度，全面、精练地呈上了一场内容丰满的秦文化之旅。

　　在陕西考古博物馆，着重带领学生参观并讲解第一展厅、第三展厅和第五展厅相关内容。在第一展厅，简要介绍中国考古学史，了解陕西考古的发展历程；重

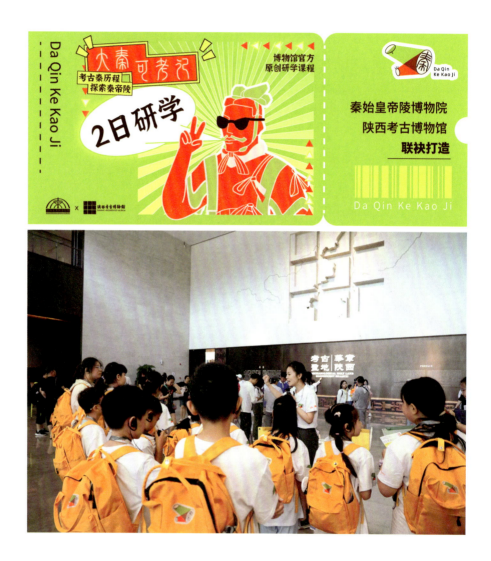

图4-15　"大秦可考记"两日研学营（组图）

点讲解考古学的两大方法论——地层学、类型学，带领学生认识考古发掘中常见的几种土质土色及它们所代表的遗迹性质。同时介绍常用的考古发掘工具及发掘方法——探方法，使学生对田野考古学有基础了解。在第三展厅，依托秦文化展区，简要讲述秦人起源的传说及初期秦人的历史，带领学生了解秦人"九都八迁"的历程，并穿插介绍几位在秦人发展历史中起重要作用的国君及他们的事迹。重点介绍两个重要都邑——建都时间最长的雍城及一统天下时的都城咸阳城，并以神禾原秦陵和秦始皇帝陵为例，简要介绍秦的帝王陵规划。在第五展厅，以秦始皇帝陵青铜水禽坑出土的青铜水禽为例，简要介绍青铜器的保护修复及青铜水禽的铸造方法。

在考古现场，邀请考古领队为学生们介绍现场工作概况，讲解考古工具的使用方法，学生们在现场体验使用手铲、探铲、毛刷等工具。

在秦始皇帝陵博物院，先是在丽山园夜观秦陵，步行环绕帝陵封土，感受帝陵封土的高大宏伟和选址于此的深意，后参观兵马俑一、二、三号坑，了解秦人的军阵构成，近距离观察秦俑，了解其繁复而精细的制作过程；参观百戏俑坑、文吏俑坑，了解"皇家艺术团"的表演阵容，并引导学生推测文吏俑坑的真实性质；参观铜车马坑，近距离观察"青铜之冠"彩绘铜车马，领略大秦帝国的奇巧工艺。最后参加文物保护研究与修复专题课程，了解兵马俑的保护修复方式，解密显微镜下的秦俑色彩。

研学营主题明确、线条清晰，以秦国、秦朝的物质文化资料为依托，以秦国、秦朝的发展为线索，从博物馆延伸至考古现场，生动地呈现秦的历史，让营员们在看到文物的同时，也看到文物出土现场、看到古代遗迹，去感受考古工作的内涵和方法，去想象秦人的崛起与统一之路。营员们纷纷表示收获很大，并愿意持续关注所学内容。

4."大秦可考记"之五日研学营

2023 年 7 月 31 日至 8 月 4 日,本馆与甘肃省文物考古研究所、秦始皇帝陵博物院打造"大秦可考记"系列研学品牌下的五日研学营(图4-16),从陕西西安出发,游历陕西考古博物馆、关山牧场、甘肃秦文化博物馆、西垂陵园、宝鸡先秦陵园博物馆、秦都雍城遗址、凤翔博物馆、考古现场、秦始皇帝陵博物院等五大博物馆(院)、四大考古现场,带领营员们重走秦人的建国、崛起、一扫六合之路。

本次研学营,在本馆和秦始皇帝陵博物院的内容与二日研学营相同,增加了甘肃礼县、陕西宝鸡的内容。

根据史籍和历史地理学的研究,关山牧场可能是秦人先祖非子的牧马之地。在此处带领学生了解秦人养马的故事、感受牧马的环境、理解非子养马有功的原因,并学习骑马,感受秦人先祖的生活。

在甘肃秦文化博物馆,依托展陈内容,探索秦人早期、中期的文化发展与变迁,在文物的帮助下加深对秦人历史的理解;学习认识"秦"字的组成、原意和它的不同写法;仔细观察馆内的几件一级文物,感受秦人的民族精神、宏伟理想和远大目标;初步了解秦人早期的城址、陵园分布,并学习合理推测墓主身份。

在西垂陵园,考古专家带领营员们徒步环绕西垂陵园,解密秦公大墓的身份之谜,了解陵园规划和内涵;感受大堡子山的地理环境,了解秦人将早期都城选址于此的原因。

在宝鸡先秦陵园博物馆,参观秦公一号大墓展示厅、车马坑展示厅、椁室复原展示厅;了解"黄肠题凑"这一椁具的等级意义、建造方式、保护作用,感受车马坑的宏大壮观,结合展陈内容全面了解秦人的衣、食、住、行、政策、历法、礼乐等方面内容,并实地观察考古发掘的工作方式。

图4-16 "大秦可考记"
五日研学营（组图）

在秦都雍城遗址，邀请雍城遗址的考古发掘领队介绍雍城考古工作历程、研究成果，讲解考古工具的使用方法，让营员们结合文献理解出土遗迹、遗物，并在现场体验使用手铲、探铲、毛刷等工具。

在凤翔博物馆，着重了解秦人建都雍城的物质文化资料和社会图景，仔细观察几件一级文物，理解秦人蓄势雍城期间的生活。

在考古现场，邀请考古领队介绍现场工作概况，让营员们实地感受大墓的恢宏气势，依托实物理解夯土、夯窝的表现形式。

（四）日常课程的精彩

接续 2023 年的文化和自然遗产日活动，本馆于一个月后的 7 月 16 日推出了"千年之路　耀世之车"系列活动第二期——秦咸阳宫壁画车马出行图（图4-17）。此次课程依托博物馆展出的秦咸阳城一号宫殿模型和车马出行图壁画，通过展厅讲解＋知识课堂＋手工制作＋表演的形式，介绍秦国走过的一条浸透着泪水、汗水和鲜血的荆棘之路，帮助学生了解秦的建国史。

3 月，确定将秦咸阳宫壁画车马出行图作为"出行"系列课程内容之一，以了解秦人、秦国的立业之路和秦汉壁画的制作、题材等内容为目标，穿插讲述秦直道、秦驰道相关知识，设计教学大纲；采集秦咸阳宫壁画车马出行图数据，制作三维模型。4 月，设计详细课程内容，并绘制插图、制作教学课件。6 月，设计课堂手工制作内容，制作涂色卡、戳戳乐、拼图材料包。7 月，设计课堂表演内容，选择八位在秦国发展史中起到重要作用的秦公或重臣，撰写人物小传，制作角色卡牌及剧本卡牌。7 月 12 日，开启课程内测招募。

课程开始后，首先进行的是"实物讲解"，主讲老师带领小朋友来到展厅，结合展项介绍表演环节所涉及的八位秦国人物的故事，并简要介绍秦国的

博物馆讲解1

博物馆讲解2

知识课堂

角色扮演

角色扮演候场

手工制作

图4-17　"千年之路　耀世之车"系列活动第二期——秦咸阳宫壁画车马出行图（组图）

发展历史。讲解过程中主讲老师以提问的方式与小朋友互动，适时拿出角色卡发放给小朋友之后，在秦咸阳宫壁画车马出行图展品处，介绍壁画画面内容、壁画的地位、与秦人历史的联系等。

展厅讲解的部分结束后，进行的是"知识课堂"，主讲老师通过播放 PPT 的方式为小朋友解读壁画的内容，通过三维模型展示壁画的画面细节，详细介绍壁画绘制方法及出土位置，引导学生想象复原秦咸阳宫建筑的恢宏气势。并以壁画内容为引，扩展讲述秦直道、秦驰道的相关知识。然后根据展厅分发的角色卡，将学生分为八组，每组依据角色故事的不同发放画面内容不同的手工材料包，包括涂色、拼图、戳戳乐三种形式。学生们在做手工的同时，设计故事内容、构思角色台词、排练表演动作，与同组的其他成员交流想法，其乐融融，社交能力得到了锻炼。在做完手工后，学生们依次上台表演，展示自己所理解的秦人先祖的故事，大家的表演热情高涨，现场气氛热烈。

活动结束后，我们分别向家长和小朋友发放了活动满意度调查问卷，也收到了许多来自小朋友和家长的反馈，他们为本节教育课程的改进提升提出了很多切实的建议。

三、云看展览

2020 年《中国日报》梳理了文博界十大新闻事件，其中有一条就是"全国兴起'云上博物馆'"。"云展览"成为文化生活中一个新兴的关键词，也已成为博物馆发展的重要趋势。"互联网 + 文博"能让观众更广泛、更便捷地走近文明现场，感受文化遗产的魅力。

陕西考古博物馆自试行开放以来，广受业界内外的关注和喜爱，但鉴于开馆后的疫情防控形势和每日 2000 人次的参观人数限制，有众多游客无法亲临现场参观。

我们根据每个展厅场景情况设计各自展厅的全景图像拍摄方案，并依据全景拍摄方案进行实地拍摄，然后对采集的图像组进行后期全景图拼接；收集与处理虚拟博物馆建设所需要的多媒体素材与相关资料；利用全景漫游制作系统搭建数字博物馆的模块框架，完成在线漫游网络虚拟博物馆的图文、动画、影像等资料的合成与构建。输出全景漫游制作系统开发的成品文件，调试产品的运行环境与平台兼容性，构建高质量、低传输、好操作、跨平台的网络虚拟博物馆。为博物馆内的五个展厅制作全景漫游虚拟"云展览"，可以使众多文博爱好者足不出户观看博物馆藏品及展览。截至 2024 年 6 月，"云展览"游客参观量达到 7.29 万人次。

未来，我们会在"云展览"基础上进行一系列创新。利用虚拟现实（VR）技术，为观众提供 VR 模式的"云展览"，使观众能够通过 VR 眼镜进行观看，为重点文物增加展示方式，增加图片角度、文字说明、三维模型等信息，方便导览。

四、问卷调查与观展札记

博物馆陈列展览的对象是社会公众，展览所要表达的内涵、思想、感情与策划之初预想的结果是否吻合，与观众的认知结构是否能最大限度地契合进而引发共鸣，是策展人最关心的问题。

鉴于此，我们在策划之初就注重收集采纳各方意见和建议，对象既有专家学者，也有文博工作人员，还涉及其他行业领域的从业者，使展览最大限度地联结观众的认知与情感。展览面向社会开放后，我们也通过多种途径收集公众对"考古圣地　华章陕西"展基本陈列的意见。一是我们在三层展览结语处设置观众留言处，观众可在线上或线下填写问卷调查；二是通过微信、微博、小红书等新媒体平台，实时关注网络舆论，获取公众的观展体验评价并分门别类进行收集整理，这些都成为获取展览信息反馈的重要途径。

（一）问卷调查

自开馆以来至 2023 年底，陕西考古博物馆的线上、线下的观众问卷调查记录、统计、收集由公众服务部负责，共收到有效问卷 5277 份，汇总统计信息如下。

1. 观众基本情况调查

（1）性别：男性 1836 人（占 34.79%）；女性 3441 人（占 65.21%）。

（2）年龄：18 岁及以下 1261 人（占 23.90%）；19-30 岁 2861 人（占 54.22%）；31-40 岁 627 人（占 11.88%）；41-50 岁 318 人（占 6.03%）；51-60 岁 140 人（占 2.65%）；61 岁及以上 70 人（占 1.33%）。

（3）学历：小学 1009 人（占 19.12%）；初中 250 人（占 4.74%）；高中 / 中专 288 人（占 5.46%）；大专 / 本科 2631 人（占 49.86%）；研究生及以上 1099 人（占 20.83%）。

（4）职业：学生 3114 人（占 59.01%）；机关单位人员 73 人（占 1.38%）；

专业技术人员 61 人（占 1.16%）；教师 316 人（占 5.99%）；商业和服务业人员 44 人（占 0.83%）；文博从业者 138 人（占 2.62%）；离退休人员 118 人（占 2.24%）；工农业生产者 9 人（占 0.17%）；自由职业者及其他 1404 人（占 26.61%）。

（5）来源地：西安市 4242 人（占 80.39%）；外省 679 人（占 12.87%）；本省外市 339 人（占 6.42%）；境外 17 人（占 0.32%）。

2. 展览情况调查

（其中（2）-（6）问卷设置多选项，故不计算选项占比）

（1）了解渠道：互联网 3486 人（占 66.06%）；传统纸媒 357 人（占 6.77%）；亲朋推荐 1212 人（占 22.97%）；其他 222 人（占 4.21%）。

（2）参观原因：考古历史爱好 3093 人；专业学习 827 人；教育子女 463 人；其他 195 人。

（3）参观方式习惯：自由浏览 3687 人；人工讲解 1682 人；语音导览 919 人；参观指南 / 宣传册 493 人手机导览 468 人。

（4）意愿主题活动：考古体验活动 3819 人线上活动 1532 人考古公共讲座 1532 人考古亲子活动 957 人；招募社会志愿者 185 人进学校、社区 174 人；其他 318 人。

（5）印象深刻的公共服务：多媒体展示和互动设施 2644 人工作人员服务贴心 2622 人便民休息设施 2520 人参观环境氛围 1273 人其他 398 人。

（6）需要改进内容：宣传推广 2672 人展品陈列 1552 人相关科普 1439 人基础设施 94 人服务态度 55 人其他 1080 人。

以上调查显示，受访观众受教育程度较高，其中考古文博爱好者和专业人士居多，年龄多集中在 19—40 岁。由于陕西考古博物馆为新建博物馆且距离市区较远，参观者大多经由互联网推荐而来，或由于无法预约到陕西历史博物馆的参观名额而把陕西考古博物馆作为备选参观地点。博物馆内的多媒体展示和互动设施让人印象深刻。总体参观人数适中，馆内环境氛围舒适，观众整体满意度达到98%以上。

（二）观展札记

整体来看，专家学者和各界游客对陕西考古博物馆的基本陈列还是十分认可的，普遍认为通过对考古博物馆的参观了解到了考古工作的意义，对考古学科、考古研究的社会意义和文化遗产保护事业有了更加深刻的体会。一些观众观展后通过微信、微博、小红书等自媒体信息平台分享观展感受，推荐展览的亮点与看点，表达对考古工作人员的敬意、对考古学科的感想，分享自己在观展后获得的知识体验等等。

院区视野疏朗，馆本体建筑雄阔，大唐气魄和当代文化殿堂身份兼有。内部空间简静肃穆，暖光照明拉近了心理距离。大厅就是展览序厅，4000多件展品密集陈列，展现考古学科发展、实践、成果。考古工作的文献实物搜集难能可贵，各重要遗址的发掘成果、学科方法运用、科技保护，形式设计的流畅饱满立体，展示的整体感等都是亮点，文物展品更是流光溢彩、美不胜收。真正把展厅变成了各种课程，内容饱满，学术扎实严谨，节奏开合有度。（杨玲：中国博物馆协会陈列艺术专业委员会副主任，国家文物局专家库专家）

展览设计用心的地方就是学术的专业和科普的亲民是双线并行的，给小朋友的看台下降了高度，一米左右，对孩子们来说十分友好，可以自己触摸标本，自己观看影片。小朋友可以通过标本触摸、现场互动、3D 模型、VR 设备感受考古的有趣之处。（小红书 @ 乐多的成长日记）

博物馆策展很用心，以考古为中心，不仅仅是介绍文物，最特别的一点是可以直接让观众触摸不同朝代的陶器、瓷器碎片，感觉自己跨越了时空，指尖传来的不只是碎片的温度，更是那个时代历史的一部分。（小红书 @ 吃只煎包）

展馆的动线设计非常流畅，每个展厅从入到出都能完整而清晰地按照"考古工作记录→发掘成果的展示及文化背景→发掘工作的意义"这条线来参观，让我们更容易了解考古工作的重要意义和祖国悠久丰富的历史，民族自豪感在这里更加深刻。（小红书 @ 壹万个达不妞）

陕西考古博物馆不仅仅是讲文物，而且是讲文物背后的故事和考古人背后的付出。（小红书 @ 於勤）

非常推荐陕西考古博物馆，参观结束感受到了科学、客观、有温度。一是从展陈到内容（文字图片）和展品选择，都非常重视呈现考古学的科学性，从全国考古学的发展，到陕西省的考古工作，各种节点上的珍珠都被以科学的视角串联在一起，为普通的观众建立了一个理性而坚实的观看古代文物的视角。二是客观，在建立民族自信的道路上更多的观众更加快速地走进了博物馆，这种巨大的关注度，为一些心思不正的人创造偏激话语制造流量的空间，一些看似"一套套的理论"被加工成了一种时代小众邪音，这种不客观不理性的说法，会大大影响甚至带跑偏正在积极投入热情的公众，但博物馆的做法非常客观，把从哪里来到哪里去说得清晰明了，这是一种态度，值得我们学习。第三是有温度，或者是温柔，博物馆充满人情味，把一代代考古人的温柔充分地以一种散文式的方法呈现在公众面前，一首首一篇篇，每一个玻璃展柜里都有先生们留下的故事。非常推荐大家来这里，相比其他热门博物馆，这里可能只有 1%的人，但有 120% 的真诚。（新浪微博 @ 林瀚_Linhan）

让公众清楚地了解一件文物原来埋藏在什么地方，考古工作者用什么样的方法发现文物，文物的材质和形状是历史上哪个时期的产物……这是陕西考古博物馆的特别之处。陕西考古博物馆采用的文物展陈方法，是按照文物的器形一组一组进行展示，上至史前，下至明、清。各个时期的代表性文物聚集在一起，大小、形状、花纹图案的变化在参观者眼前一一呈现。仔细品味，参观者能学会从器形和材质的细微变化中辨认文物的历史年代，感受时代更迭的步伐。这座博物馆就是一所很好的"学校"，参观者可以从考古的角度去了解文物。从这里"毕业"的"学员"，如果走进其他历史博物馆，一眼就可以辨认那里文物的时代和器名。对于大多数人来说，想通过一件文物或者一个历史大事件增进对中国历史的了解，都难免因缺乏系统性和完整性而导致知识断层。陕西考古博物馆采用将文物从出土环境到本体变化一一展示的展陈方法，可以让参观者很容易按照时间顺序来了解这片土地上的历史。（《陕西日报》郭青）

考古聖地　華章陝西

Archaeological Holy Land
Magnificent Shaanxi

従過去擁有未來

结 语

『让过去拥有未来』

2020 年 9 月 28 日，习近平总书记在主持中央政治局第二十三次集体学习时发表了重要讲话，强调要建设中国特色、中国风格、中国气派的考古学，更好认识源远流长博大精深的中华文明。

2021 年 10 月 17 日，时值纪念仰韶文化发现和中国现代考古学诞生 100 周年之际，总书记代表党中央又专门致信全国考古工作者，向其致以热烈的祝贺和诚挚的问候，再次对我国考古工作提出殷切期望。他强调，希望广大考古工作者增强历史使命感和责任感，发扬严谨求实、艰苦奋斗、敬业奉献的优良传统，继续探索未知、揭示本源，努力建设中国特色、中国风格、中国气派的考古学，更好展示中华文明风采，弘扬中华优秀传统文化，为实现中华民族伟大复兴的中国梦做出新的更大贡献。10 月 28 日，国务院办公厅印发的《"十四五"文物保护和科技创新规划》更加明确提出，要加强人才队伍建设、创建一批世界一流考古机构。

陕西省委、省政府以习近平总书记加强考古工作的重要讲话精神为指引，把握陕西考古重大意义与历史使命，解放思想、改革创新，率先加强考古机构建设，依托陕西省考古研究院建成了"科学发掘—保护利用—展示阐释—服务社会"四位一体的考古学科专题博物馆，开国内考古机构改革之先河，为新时代中国考古事业发展提供"陕西方案"。

我们精心打造的"考古圣地　华章陕西——陕西考古博物馆基本陈列"开展后赢得了社会各界的广泛好评，也荣获了第二十届（2022 年度）全国博物馆十大陈列展览精品奖。在申报材料中我们总结归纳了展览的特色和亮点。主要有：
（1）以考古人视角全景式呈现多学科视野的古代社会图景。遗址、遗物以及动物
骨骼、植物种子、残留物等是贴近和复原古代社会图景的"第一现场"。展览通过
多种手段集中展示考古学家如何阅读大地、如何通过地下遗存来解读辉煌的古代文
明，重塑古史的过程。展品不唯其美而强调其考古学价值，强调其所在的环境和蕴
含的礼仪制度、社会习俗等信息，让观众了解考古发现背后的故事。（2）学术线、
科普线双线并行。超过 70% 展项设置的数字多媒体及物理互动装置构成的"科普
线"，与考古编年谱系"陕西剖面"构建的学术主线相辅相成，满足了不同层次人
群的观展需求。（3）馆内参观＋馆外体验，将展线延伸至户外。室外空间布设了
陶语中国标本墙、考古工作现场原大场景，重在以情景化方式增强观众体验感，将
唐风园林建筑与室外展览融为一体。（4）首次设置考古学史及考古学基本理论方
法、文物保护技术常设陈列。梳理了考古机构、人才队伍和法律法规等发展历程；
开辟青铜、陶瓷、壁画等文物保护成果专项展区，将动植物考古、环境考古、古
DNA 等抽象科技考古手段融入考古发现实例，创新性地揭示了现代科技手段在丰
富历史图景过程中的重要贡献，是迄今最系统的专题陈列。（5）超大型考古遗迹
原状搬迁，创新展示形式。比如周原和洞耳壁画墓超大型古代遗迹搬迁，突破了遗
迹本体结构对观展的制约，实现了观展视野最大化、文物保护和观展体验的多赢。
（6）现场连线，直击田野。尾厅借助 5G 网络技术，首次将展示维度从馆内拓展
到田野考古现场，实时连线呈现考古工地实景，与观众共享重要考古发现瞬间。

　　展览获得第二十届全国十大陈列展览精品奖，体现了政府和社会对展览的认可
和褒扬。然而，对于初入博物馆界的新兵来说，这既是极大的鼓励，也意味着更大
的压力。我们也认识到在博物馆陈列展示、运营服务等方面存在的不足，同时也收
获了许多感悟与思考。

一、不足与遗憾

（一）展示空间预估不足

陕西考古博物馆的建筑设计、施工和展览策划几乎是同时开始实施的，相比较大多数只能使用现有馆舍的博物馆陈列展览来说拥有先天的优势。展示空间排布和内容设计的契合度及作为建设方的使用意图可以提前与建筑师沟通商量。然而，真正进入实践阶段，才发现策展团队对建筑空间预估不足，部分考古项目的展示空间局促，整体展线布置前紧后松，尤其是"考古发现篇"汉唐部分展示空间局促。博物馆正式开放后，从观众的反馈信息中也可见一斑。

博物馆展厅面积 5800 平方米，展示文物 4891 件 / 组，大部分观众看完博物馆的感受是"展品非常丰富、数量也非常可观""重点文物太多了，空间确实显得有些局促"。或许这么说有些"凡尔赛"，但与大多数博物馆缺少展品的情况比起来，策展团队对考古博物馆的展示项目和文物标本一直在做"减法"。同一时代尽量选择不同类型的考古遗址，同类遗址尽量选择不同的典型文物标本进行展示。如在"两汉墓葬"展示单元，考古项目和展示文物分别选取了泾阳大堡子西汉墓地出土的彩绘陶粮仓，西汉张安世墓的铜漏壶、铜量器、早期青瓷器及印章等，蓝田支家沟西汉墓的双鱼陶壶、铜甗、封泥，靖边杨桥畔汉代墓地出土的汉紫彩绘陶器，神木大保当东汉墓地的彩绘画像石，勉县金寨东汉墓出土的绿釉陶器等。考古项目来自陕西境内的不同区域，展示标本的材质、器形和内涵又各有区分，在有限的空间内使观众尽可能全面系统地感知不同考古遗址的内涵和魅力。

从考古研究人员的角度出发，想要完整展示一个考古遗址的内涵，就要尽可能地将该遗址的所有出土物和研究过程完整展示。策展团队在展品排布时特别重视能代表考古遗址内涵的典型标本和器物组合，将其尽量放置在同一展柜展示。然而，个别展品在观众看来艺术性比较高，应设独立柜，但囿于展示空间已定，也只能通柜组团展示。如"文化谱系篇"仰韶中期泉护村遗址墙面通柜一角展示的一件彩陶器盖，器形如覆钵状，唇沿涂一周红褐色彩，器表以红褐色彩绘由弧边三角形、连弧、圆点等组成的三组扇形图案，每组扇形图案间以条形留白相隔，条形留白如同从提柄中心发出的三条射线。整幅图案巧妙地将阴阳连弧进行了组合，俯视宛如一个围绕提柄中央，内三层、外六层重瓣盛开的花朵。2023年春节联欢晚会舞美设计"满庭芳"的理念，由四瓣花结构演化重构而成的演播厅顶部艺术装置，其创意就取材自此类庙底沟彩陶标志性的"花瓣纹"。类似的情况，还有石鼓山商周墓地的青铜簠等等。期待下一次展览修订调整时，能够调整展示空间，充分展示此类器物精美的身姿。

（二）设计施工的遗憾

　　一个博物馆的陈列展览效果，不在于设计方案多么的精巧华丽，能够落地施工才是最重要的。有些设计方案非常好，但因为技术、时间、维护等条件的限制无法在施工阶段完成。

　　陕西考古博物馆在展览深化设计阶段，为了增强展览互动性和趣味性，也为了引导观众从考古工作者的角度理解展示内容，设计了大量多媒体影视、人体感应互动类游戏，以提高观众的展览参与度。从开馆后的实时反馈来看，大部分互动展项深受公众喜爱，网络宣传度非常高。但仍然有部分互动展项由于现有技术不成熟、成本较高，在基本陈列中如何保持其平稳运行还处于探索阶段。利用铜漏壶模拟古人计时的互动装置，开馆不过一周便彻底损坏，后续虽返厂维修，但互动效果离预期甚远，后续只能将物理互动改为多媒体视频演绎，互动效果大打折扣。利用人体动作感应模拟壁画揭取修复步骤的投影，由于设备运行不稳定，频繁返厂维修，最终改为自动循环播放的影片。原本设置在石峁遗址东城门模型边的城门攻防游戏因设备运行噪声太大，也不得不取消了。

在"文化谱系篇"周原遗址贺家铜轮牙马车展项，原本的设计方案是将整体打包提取的车马坑遗迹和经过数字复原后的马车同时展示，但在落地施工过程中，发现展览设计的主色调不适合展示复原马车，加之空间有限，只能将复原马车不同角度的图片打印出来制作成背板，以便观众了解贺家铜轮牙马车的全貌。

二、感悟与思考

陕西考古博物馆运用考古学科的逻辑、博物馆的语言，以陕西考古成就绘制出了中华文明多元一体、兼容并蓄的"基因图谱"。百万年的旧石器时代遗存揭示了人类起源的别样图景，延伸了历史轴线；绵延数千年的新石器时代文化勾勒了文明脉络，增强了历史信度；周秦汉唐盛世文明丰富了历史内涵，活化了历史场景。这一展览实践用考古视角展示了中华五千年文明信史新篇和独特魅力。

正是在60余年来陕西省考古研究院深耕田野发掘、潜心学术研究的基础上，才能将这些遗存展现给社会公众。陕西考古博物馆的建成开放也是考古学和博物馆交叉结合的产物，考古博物馆一方面以丰富的考古工作成果为基础，另一方面也是我国博物馆行业蓬勃发展与细分的产物，在展现考古成果、传播考古理念、复原古代社会、传承历史文化、激发爱国热情等方面起到了促进作用。

自 2022 年以来，陕西考古博物馆已接待海内外观众 70 余万人次，成为陕西文化旅游的新地标与热门打卡地，已有越来越多的省区市文博同行前来实地参访，并希冀借鉴经验以建设本地的考古博物馆。陕西考古博物馆之所以能取得业界同行与社会公众的认可，以下几点或许可供借鉴。

一是考古博物馆必须依托专门的考古机构，作为考古机构创办的展示区域考古发现、研究成果、文明阐释贡献的专门性博物馆。只有这样才能确保考古博物馆在展陈中有充分的考古发掘出土文物、田野日记等手稿、研究成果等考古发掘第一手资料；才能激发考古机构在展厅将最新考古发现和研究成果与社会公众共享的热情，提高考古工作者进行公众考古知识传播的参与度、存在感与获得感。

二是在考古博物馆展陈内容策划与大纲编写过程中必须有考古项目负责人或一线考古人员参与，确保展览信息的可靠性与内容的科学性、专业性。陕西考古博物馆在展陈内容策划及大纲的编写过程中，充分调动全院考古、文物科技保护等领域专业研究人员参与，确保每个遗址都能得到全面展示、发掘内容都能得到充分解读、重点文物都能得到精彩展现、考古研究成果都能得到权威解答，避免仅靠公开发表资料对考古发掘内容与成果进行二次创作所造成的错误与不完整。

三是展陈设计须考虑专业性与普及性，提高公众的参与度，能更好地将晦涩难懂的考古学知识向社会公众进行传播，达到考古学知识的普及化。在陈列、解读某个遗址与出土文物时，不是简单的"给观众看什么""怎么让观众看懂"，还要通过互动装置、图表解读、模拟复原、多媒体影音介绍等技术手段，让观众有切身的参与感，以帮助其理解某件文物、某类遗存的原有用途、形制，了解不同时代文物、遗存的真实状态，让公众对考古发掘的遗存有直观的了解与认识。

　　总之，陕西考古博物馆的建成开放，仅仅是考古工作者在践行文化自信使命上的起步，是对我国博物馆，尤其是考古博物馆建设的有益探索。我们相信，在陕西考古博物馆展陈设计探索的基础上，随着越来越多真正意义上反映不同区域考古成果的考古博物馆建成开放，考古学及其发掘研究成果必将在增强民族历史自信、文化自信上做出更大贡献。

后 记

陈列展览是博物馆保护传承文化遗产、讲好中华文明故事的核心载体与重要窗口。"中国博物馆陈列展览精品·策展笔记"是由中国博物馆协会着力打造的一套博物馆策展领域的标杆性、品牌性丛书，在某种程度上扮演着为文博领域的从业者与研究者提供策展创新的"实践参考书"的角色，也是普通大众了解博物馆幕后工作的专业性、领略博物馆展陈之美的"观展指南书"。陕西考古博物馆很荣幸成为参与撰写的单位之一。

本书以"考古圣地　华章陕西：陕西考古博物馆基本陈列"为依托，以策展主创团队的视角，梳理展览的策展理念、大纲编写、设计思路、实施过程及总结收获，希望能够为今后的展陈研究与实践工作提供参考。全书的撰写框架结构在中国博物馆协会与浙江大学出版社的整体策划要求下，由王小蒙、王沛拟定；"引言""策展""结语"由王沛撰写。"导览"由王沛、雍倩、孙嘉怡撰写，申坤校对。"观展"一、二节由赵海晨、赵巧、张馨心撰写，三、四节由王沛撰写，问卷调查数据由公众服务部吴文彤提供。本书图片资料由王保平、韩良怡、李挺、蔡涛、赵巧拍摄提供。王沛负责编务并对全书进行修改与统稿。

展览是一个博物馆的吸引力和生命力所在，陕西考古博物馆作为博物馆界的新兵，坚持以学术研究为根基，以展览促学术，以学术促发展，不断探索与实践考古成果的阐释与转化。本书的编写对策展人员来说也是一次宝贵的机会，有助于后续陈列展示内容的提升、及时对展览实践进行梳理与记录，这也是理论联系实际后的解读与反思。在此，诚挚感谢每一位在展览实施过程中与策展笔记出版过程中不辞辛劳、全情付出的工作人员。由于时间仓促且编写者自身水平的限制，本书难免存在漏洞与不足，请业内专家与读者批评指正。